미전도 종족 문화 연구

인도의 '박디' 종족 이야기

A Research on The Culture of The Unreached Tribe

The Story of Bagdi Tribe in India

김성찬

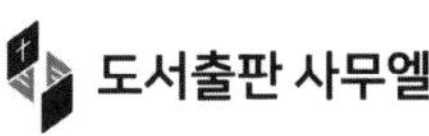

미전도 종족 문화 연구: 인도의 '박디' 종족 이야기

지 은 이	김 성 찬
발 행 일	2023년 1월 8일
발 행 처	도서출판 사무엘
등 록	제972127호 (2020.10.16)
주 소	안양시 동안구 관악대로 282 고려빌딩 3층
표 지	이 제 형

ISBN 979-11-972127-9-6(93230)

값 10,000원

추천사

1990년대 후반부터 많은 한국교회뿐 아니라 해외 한인교회는 해외선교에 엄청난 힘을 쏟았다. 많은 교인이 방학과 휴가를 활용하여 단기선교나 '비전트립'(vision trip)으로 많은 나라와 교회를 섬겼다. 유감스러운 점은 교회가 막대한 비용을 들여 많은 젊은이를 비전트립으로 보내는데, 매년 참여 인원과 지역을 바꿔 보낸 데 있다. 매년 선교를 다녀오지만, 참여자와 지역이 바뀌다 보니, 비전트립이 단기성의 선교 정찰에만 그치는 경우가 많다. 선교의 열정이 이어지지 않았고, 선교는 목회자와 선교사의 몫이지, 교인의 몫이란 사실마저 깨닫지 못했다.

본 책의 저자인 김성찬 박사는 해외 주재 선교사가 아니라 인천 검단 지역의 목회자이다. 그는 교회 개척 때부터 주님의 지상명령(마 28:18-20)이 목회자와 선교사가 아닌 모든 크리스천에게 주신 명령으로 인지하였고, 그 명령은 국가와 민족의 범주를 넘어 이 세상의 모든 종족(tribes)에 대한 복음 증거 사명으로 깨달았다. 그는 개척부터 거의 20년 가까이 선교사역을 위해 직접 교인들과 함께 매년 1월에 두 주간씩 비전트립을 다녀왔다. 특이한 점은 매년 비전트립을 인도의 한 지역으로 국한한 데 있다. 교인들은 번갈아 선교지를 다녀옴으로 선교비전을 공유함과 아울러 하나의 지역, 종족, 사회, 문화에 대한 정보를 공유하였다. 또 먼저 다녀온 교인이 '작은 바울'이 되어 뒤이은 교인에게 비용을 부담하면서까지 비전트립을 권하게 되었는데, 이는 교회의 좋은 전통과 교회 성장 동력이 되었다.

주님의 지상명령을 완수하려면 복음 전도의 대상이 되는 다양한 종족에 대한 사회적, 문화적, 종교적 이해가 필요하다. 인도는

1,600여 개의 다양한 언어와 문화를 가져 세계 미전도 종족의 3분의 1 이상을 보유하고 있다. 김성찬 박사는 처음부터 선교의 초점을 한 종족에 맞추었다. 그는 인도 콜카타 지역에서 국가 공용 힌디어 대신 지역 언어인 벵골어를 사용하고, 사회적으로는 극심한 차별을 받는 불가촉천민 그룹에 속한 박디(Bagdi) 종족에 관심을 가졌다.

그는 교인들과 함께 필요한 자료들을 축적하면서 주변의 현지 동역자들을 통해 책을 완성할 수 있었다. 그는 박디 종족의 역사, 사회, 문화, 종교와 더불어 불가촉천민에 관한 민속학적 연구를 통해 선교전략을 제시함으로, 아직도 남아 있는 다른 지역의 미전도 종족 선교의 전략적 수립에 도움을 주었다. 그는 이 글을 통해 종족 단위의 선교 운동의 필요성, 의사소통의 어려움으로 스토리텔링 방식의 복음 전파, 더 나아가 젊은이들이 도시로 진출함으로 생겨나는 도시 빈민의 문제까지 폭넓게 제시하고 있다.

추천자는 출간된 이 책이 비전트립을 보내는 많은 목회자와 교인들, 또 선교를 준비하는 사역자들에게 읽히기를 권한다. 비전트립은 여행으로 끝나는 것이 아니라, 목회자와 교인들로 한 지역과 종족을 연구하게 하는 동력이 되고, 전문인 선교사가 배출되는 토양이 되기를 소망한다.

_ 김의원 박사(Ph.D., AETA 대표, 전 총신대 총장)

『인도의 '박디' 종족 이야기』는 읽기에도 흥미로운 책이다. 왜냐하면 인도에 대해서, 인도의 카스트 제도와 불가촉천민에 대해서, 그리고 미전도 종족 선교에 대한 많은 새로운 지식을 주기 때문이다. 이 책을 통해 한 종족의 언어와 문화를 이해하는 것이 인간에게 있어서 얼마나 중요한 일인 것을 알게 하며, 기독교인이라면 반드시 관심을 둬야 하는 미전도 종족 선교의 중요성을 새삼 깨닫게 해준다.

인도와 인도 선교에 대해 더 나아가 종족 선교에 대해 막연하게 생각해왔지만, 이 책을 통해 그에 대한 구체적인 지식과 실제 상황을 알게 된 것에 대해 감사하게 되었다. 그런가 하면 인도뿐만 아니라 이 세상에 그렇게 많은 미전도 종족이 아직도 복음 듣기를 기다리고 있다는 사실도 새삼스럽게 확인하게 되었다.

오랫동안 신학교 교육을 통해 많은 후진을 양성해 왔지만, 이 세상 곳곳에는 고등교육을 해야 하는 사람만 있는 것이 아니라, 말씀을 듣기를 기다리고 있는 평신도들도 많음을 알았다. 그들은 육신이 고달프고 궁핍한 환경임을 알면서도 말씀을 듣고자 한다. 그런 그들의 마음을 향한 안타까움을 금할 수가 없게 되었다.

이 책은 김성찬 박사가 조지아센추럴대학교 문화인류학 철학박사 학위 논문으로 연구한 것이다. 그 내용은 "한 종족 이야기"라고 할 수 있을 정도로 많은 흥미로운 내용과 모든 신자가 관심을 가져야 할 세계선교와 그 전략에 대한 해박한 정보를 담고 있다. 그들에 대한 문화 이해와 상황과 처지를 설명하면서 그들에게 복음을 전하기 위해서 어떤 구체적인 전략들이 필요할 것인지에 대해서도 설명하고 있다. 그런 점에서 가까운 사람이나 자신의 이웃에게 복음을 전하거나 멀리 있는 타문화권에 있는 사람들에게 복음을 전해야 하는 모든 신자에게 꼭 일독하기를 권하고 싶다. 이 책을 읽게 되면 필자가 체험했던 것처럼 전도와 선교에 대한 마음이 열정적으로 일어날 것이라는 기대가 있기 때문이다.

이 세상과 이 세상에 사는 사람들은 매우 빠른 속도로 변해가고 있다. 그러나 우리에게 주어진 진리와 그 진리를 급변하고 있는 세상과 세상 사람에게 전해야 하는 우리의 사명은 여전히 같다. 이 책을 통해 바로 그러한 세상과 그들에 대한 우리의 사명과 책임을 다시 되새겨 볼 수 있는 기회가 되길 염원하면서, 이 책을 기쁜 마음으로 추천한다.

_ 김창환 총장(Ph.D., Georgia Central University)

"박디(Bagdi)" 종족! 그 이름은 우리 모두에게 생소한 단어일 것이다. 그러나 그것은 적어도 오랫동안 그 부족 사람을 매년 방문하여 사역해왔던 필자와 필자가 섬기는 "꿈이있는교회" 성도들에게는 너무나 익숙한 이름일 것이다.

김성찬 박사는 '박디' 종족의 사회, 문화, 종교를 이해하고, 그 이해를 바탕으로 효과적인 선교 방법을 찾고자 했다. 그 일은 모든 신자에게 매우 중요한 작업일 수밖에 없다. 왜냐하면 이 세상에는, 주님께서 이 땅에 죄인을 구원하시기 위해 오신지 2천 년이 훨씬 넘었지만, 아직도 복음을 받지 못했거나 복음에 적절한 반응을 보이지 않고 있는 이른바 "미전도 종족"이 생각보다 많기 때문이다. 그 점에서 미전도 종족 중의 하나이며, 그 나라에서 불가촉천민에 속하여서 온갖 차별과 무시와 억압을 당하고 있는 그들을 바르게 이해하고, 그것을 토대로 선교전략을 세우는 일은 현장 선교사나 선교학자는 물론이고, 선교와 주님의 재림에 관심을 품는 모든 신자에게 중요한 일이다.

이 책은 "한 종족 이야기"라고 할 수 있을 정도로 '박디' 종족에 관련된 많은 흥미로운 내용과 모든 신자가 관심을 가져야 할 세계선교와 그 전략에 대한 해박한 정보를 담고 있다.

이 책이 많은 선교사와 선교에 관심을 품는 모든 신자가 미전도 선교의 중요성을 다시 깨닫고 선교적인 삶으로 돌아가는 일에 큰 도움이 되길 간절히 염원한다. 추천자는 이 책을 한국교회 교인들에게 '강추'한다.

_ 김연수 선교사(Ph.D., AETA 부대표,
스토리텔링 사역연구소(SMI) 대표)

"한 종족을 향한 열정 스토리." 2008년 5월 우리 노회에서 FTT(Finishing The Task) 전략으로 미전도 종족이 가장 많이 분포한 인도를 정탐하게 되었다. FTT는 모든 미전도 종족이 아니라 종족의 인구 숫자가 최소 10만 명 이상인 종족을 추려서 전략적으로 Target 삼고 선교하려는 운동이었다. 여기에 해당하는 종족은 649개 그 중 인도에만 400개 넘는 종족이 있었다. 그래서 인도를 가장 중요 국가로 삼았기에 우리 노회는 목회자 부부가 먼저 정탐하면서 동기부여를 하고자 했다.

그때 김성찬 박사도 동행했고 FTT를 위한 전략적 비전트립에서 큰 구실을 했었다. 당시 우리는 뉴델리에 도착한 후 4개 단위로 팀을 분산했고 안내할 선교사들과 흩어지게 되었다. 김성찬 박사는 인도 동북부 지역의 콜카타 지역으로 향했는데 특히 람강가 지역에서 박디(Bagdi) 종족과 운명적으로 만나게 되었다. 이것은 지금 생각해보니 하나님의 인도하심이 분명하다.

그리고 세월이 흘러갔다. 김성찬 박사는 그 이후 매년 한 차례 이상 같은 지역을 방문했다. 때로는 의약품을 가지고, 때로는 의류를 가지고 찾아갔으며, 때로는 그 지역 청년들을 모아 축구 시합을 하여 닭을 선물로 주기도 했다. 한 종족을 향한 김 박사와 그가 목회하는 '꿈이있는교회'는 열정을 불태우며 주님의 심정으로 사랑을 베풀고 섬겼다.

장구한 15년 세월이 흘러갔다. 강산도 변할 세월이 흘러 귀한 문화 인류학에 천착하더니 드디어 이렇게 학문적으로 훌륭하게 이바지하는 박사(Ph.D.) 논문을 쓰게 되었다는 소식을 듣고 무척이나 기뻤다. 이는 오로지 하나님의 은혜요, 김 박사 자신의 훌륭한 학문적 소양이라고 할 수밖에 없을 것이다. 더군다나 논문을 책으로 출간한다고 하니 이후 선교 신학적이고 문화 인류학적인 교재로써 후학들에게 가르침이 되고 현장 선교사들이나 선교에 매진하는 한국교회의 지도자와 헌신자들에게 좋은 지침이 되리라 믿어 의심하지 않는다.

선교하는 교회의 모델이 될 것이며, 하나님 나라의 부흥을 꿈꾸는 선교일꾼들에게는 나침반이 될 것이다. 모두에게 일독하도록 이 책을 추천하는 바이다. 이후 김 박사의 더욱 놀라운 학문적 발전을 기대해본다.

_ 조승호 목사(은샘교회 위임목사, 의산노회 증경노회장,
전 총회 GMS 부이사장)

감사의 글

주님께서 우리에게 주신 지상명령은 바로 이 세상의 모든 종족에 대한 복음 증거의 사명입니다. 우리가 아직도 복음을 제대로 받지 못하고 있는 미전도 종족들에게 복음을 효과적으로 전하기 위해서는 그들이 복음을 받아들이는 통로가 되는, 그들에 대한 사회적, 문화적, 종교적 이해가 필요한 것은 너무도 당연합니다.

인도에는 세계 미전도 종족의 3분의 1 이상이 살고 있습니다. 그들은 다양한 언어와 문화를 가지고 있습니다. 그들을 바르게 이해하여 그들에게 맞는 선교전략을 세우는 일은 인도의 미전도 종족 선교에 있어서 필수 불가결한 과정입니다.

그런데 필자가 연구했던 인도의 '박디(Bagdi)' 종족은 우리가 흔히 생각하는 힌디어 공용어를 사용하지 않고, 벵골어를 사용합니다. 그들은 인도 사회에서도 극심한 차별을 받는 불가촉천민 그룹에 속해 있습니다. 그들은 일반적인 인도 사람과는 아주 다른 삶을 살고 있습니다.

그러므로 박디 종족에 대한 선교를 생각한다면, 먼저 우리는 그들의 특별한 역사, 사회, 문화, 종교부터 이해해야 합니다. 일반적으로 종족 문화 연구는 종족 사람들과 그 사회에 대한 전반적인 이해를 도와줄 뿐만 아니라, 그들의 세계관을 알게 하며 그들에게 맞는 복음 전파의 돌파구를 마련할 수 있도록 도와줍니다. 또한 그러한 연구는 우리가 타 문화권 사역에서 저지르기 쉬운 자기 문화 중심주의 사고방식에서 벗어나도록 도와주고, 그들 문화의 특징에 맞는 의사소통 방법과 더 나아가 선교전략을 수립하는 데 도움을 줄 수 있습니다.

필자는 먼저 박디 종족이 속해 있는 인도의 "불가촉천민"에 대한 특별한 상황과 처지에 대해 정리하고, 그러한 전제에서 그 종족에 관한 민속학적 연구를 통해 그들의 사회, 문화, 종교를 조사하여 정리한 것을 설명했습니다. 그것을 토대로 그들에 대한 선교전략을 제시했습니다.

이 책의 내용은 필자가 문화인류학 철학박사 학위 논문으로 쓴 것을 정리한 겁니다.

필자는 박사 과정의 길을 열어 주신 영적 스승이며 아버지이신 김의원 총장님께 감사드립니다. 또 부족한 저를 위해 지도교수의 수고를 마다하지 않으신 김창환 총장님과 논문을 쓰면서 한계에 부딪혔을 때 많은 도우심을 주셨던 김연수 교수님께 참 감사합니다.

그리고 이 논문을 쓸 수 있도록 미전도 종족과 인도 사역을 위해 수고하신 김계응, 오금희 선교사님, 논문의 리서치를 위해 수고한 드루보바잘 교회의 Debabrata Ghorai 목사와 마에스뿔 교회의 Gopal Khelar 사역자에게도 감사를 전합니다.

마지막으로 교회 건축이라는 중대한 상황에서도 저를 믿고 지원해 주신 사랑하는 "꿈이있는교회" 성도들과 여러 어려움에도 말없이 기도로 도와준 사랑하는 어머니와 아내, 그리고 두 아들에게도 감사를 전합니다.

2023년 1월 8일
꿈이 있는 교회에서

목사 김성찬(Ph.D.)

차례

서론

예수님의 명령으로부터 시작된 하나님 나라의 복음은 지난 시간 동안 많은 시행착오와 함께 다양한 방법으로 세계 곳곳의 나라와 종족에게 전파되었다. 이러한 선교의 역사를 랄프 윈터(Ralph Winter)는 세 가지 시대로 구분했다. 그것은 개신교 근세 선교의 아주 중요한 흐름을 보여주는 선교 역사 개관이라고 할 수 있을 것이다. 첫 번째 시대는 윌리엄 캐리(William Carey)를 중심으로 한 해안선 선교 시대이고, 두 번째 시대는 허드슨 테일러(Hudson Taylor)가 핵심적인 역할을 했던 내륙 지방 선교 시대이며, 세 번째 시대는 캐머런 타운센드(Cameron Townsend)와 도널드 맥가브란(Donald McGauran)에 의해 시작된 미전도 종족 선교시대이다.[1]

개신교의 근세 선교는 서구 열강들의 항해를 통한 식민지 개척과 맞물려 있다. 그래서 배가 들어갈 수 있는 해안선에 따라 복음이 전해질 수 있었다. 허드슨 테일러와 같은 선교사들은 중국과 같은 큰 대륙에서는 해안지역에 복음이 전해진다고 선교가 끝나는 것이 아님을 발견했다. 그 대륙의 깊은 내륙에도 많은 사람이 살고 있음을 알게 되었기 때문이다. 그런가 하면 인도에서 사역했던 도날드 맥가브란은, 선교사는 같은 국가에서도 사회적 계급이나 그 나라 사람의 계층적인 구조에 따라 복음이 원활하게 전해지지 못할 수 있음을 알았다. 캐머런 타운센드는 같은 국가라 할지라도 각 부족의 언어 장

---

1 Ralph D. Winter, Steven C. Hawthorne, *Perspectives on the World Christian Movement*, 정옥배 외 3인 역, 『퍼스펙티브스 제1권』 (고양: 예수전도단, 2012), 532.

벽에 따라 여전히 미전도 종족이 있음을 알게 되어 종족 중심의 선교 시대가 열렸다.

랄프 윈터는 1974년 로잔 세계복음화 대회(Lausanne Congress on World Evangelization)에서 많은 사람의 '종족 무지'(people blindness)를 지적하면서 미전도 종족의 개념을 처음으로 발표했다. 미전도 종족은 언어, 문화, 사회구조 등으로 구분하며 종족 내에 토착교회가 없는 종족으로 정의했다.[2]

2020년 통계 자료에 의하면 전 세계적으로 미전도 종족(미전도 종족은 복음화률 0.1% 미만이면서 인구수는 1만 명 이상)은 2,700여개의 미전도 종족에 19억 명의 잃어버린 영혼이 있는 것으로 조사되었다. 이 중에서 특히 인도에는 1,207의 미전도 종족과 10억의 잃어버린 영혼이 있는 것으로 최근 통계는 보고하고 있다.[3]

예수님은 승천하시면서 우리에게 사명을 주셨다. 그 사명은 바로 복음 증거의 사명이다. 그리고 오늘 우리는 그 사명에 최선을 다해야 한다. 이 사명을 감당하는데 랄프 윈터의 말처럼 "종족 무지"를 극복하고 타 종족에게 복음을 전하기 위해서는 그들에 대한 사회적, 문화적, 종교적 이해가 필요하다. 만약 이러한 이해의 노력이 없이 단순히 복음으로 그들에게 접근한다면 거의 모든 곳에서 충돌을 피할 수 없을 것이다. 그래서 선교에 있어서 타문화를 이해하는 것은 필수적일 수밖에 없다.

인도에는 세계 미전도 종족의 3분의 1 이상이 살고 있다. 그들은 다양한 언어와 문화를 가지고 있다. 따라서 많은 종족과 다양한 문화만큼이나 선교적 접근방식도 다양할 필요가 있을 것이다.

---

2 Ralph D. Winter, Steven C. Hawthorne, 『퍼스펙티브스 제1권』, 536-537.
3 "2020 세계 교회 지도자 미전도 종족 개척 선교대회 자료집," 98. www.gap4ftt.org.

하지만 그 나라가 “힌두교의 나라”라는 사실과 힌두교에 대한 통계가 그 나라에서의 선교 방식 자체를 획일화시키는 경향도 있는 것으로 보인다. 그러다 보니 다양한 종족의 다양한 문화나 사회를 이해하려고 하는 노력이 부족한 경우가 많다고 할 수 있다. 예를 들어, 필자가 연구한 Bagdi 종족은 힌디어를 사용하지 않는다. 그들은 벵골어를 사용하고 있다. 또한 그들은 불가촉천민 그룹에 속했다. 그러다 보니 일반적인 인도사람들과는 아주 다른 삶의 모습으로 살고 있다. 그러므로 Bagdi 종족에 대한 선교는 그들의 역사, 사회, 문화, 종교를 이해하는 데에서 출발해야만 할 것이다.

아직 국내외에는 Bagdi 종족을 대상으로 한 선교 방법에 대한 논문이나 책은 거의 없는 형편이다. 또한 그들의 역사, 문화, 사회를 연구한 자료도 거의 없다. 그래서 본 책은 먼저 Bagdi 종족이 속해 있는 인도의 “불가촉천민”에 대한 특별한 상황과 처지에 대해 정리했다. Bagdi 종족에 관한 민속학적 연구를 통해 그들의 사회, 문화, 종교를 설명하고, 그것을 토대로 그들에 대한 선교적 방법을 제시하고자 한다.

1장
종족과 종족 문화의 정의

종족의 정의

현재 세계의 인구는 78억 명이고 그중의 39%는 복음을 들을 수 있는 상황에서 살고 있다. 하지만 28%는 여전히 복음을 들을 수 없는 상황에서 살고 있다. 전 세계의 언어 종족 그룹을 17,400여 개로 보고 있으며, 그중에서 미전도 종족은 7,400여 개로 전체 인구의 42.5%에 해당하며 32억 3천만 정도의 사람들이 이에 속한다.[4] 그렇다면 여기서 말하는 "종족"은 어떤 기준으로 정해진 그룹의 사람들인가? 우리는 "종족", "부족", "인종", "민족" 등에 대한 정의와 그 구분을 확실히 할 필요가 있다.

종족(tribe)과 부족(tribe)

"종족"(tribe)이라는 단어는 "부족"이라는 단어와 함께 길고도 슬픈 역사가 있고 인류학의 안팎에서 다양한 의미로 사용되는 용어 중의 하나이다.[5] 이 단어가 가진 안타까운 역사는 "원시 부족"(primitive tribe)과 함께 자주 사용됐었기 때문일 것이다. 그러나 이 단어는 일반적으로 '정치적 단위'(political unit)나 '언어적 혹은 문화적 집단'(linguistic or cultural group)을 의미하는 것으로 사용되고 있으며, "민족"(ethnic)이나 "국가"(nation)라는 단어와는 구분된다. 선교와 관

---

4 성남용(편저), 『365일 기도로 세계 품기 2021』 (서울: 한국선교 KMQ, 2021), 23.

5 Thomas Barfield(editor), *The Dictionary of Anthropology* (Malden, Massachusetts: Blackwell Publishers Ltd., 2000), 475.

련하여 "종족"은 "동일한 문화, 언어, 풍습, 종교를 가진 사람들의 집단"[6]이라고 할 수 있으며 종족에 맞는 선교전략과 선교 방법론이 사용되어야 함은 너무나 당연한 일이 될 것이다.

"부족"(tribe)이라는 단어는 일반적으로 "종족"과 같은 의미로 사용되고 있지만, J. Friedl은 "부족"을 "일반적으로 종족적 기원이 같고, 같은 언어를 사용하며, 결혼이나 혈통을 통해 상호 간의 관계를 강력하게 인식함으로 상호 간 맺은 관계를 인정하는 그룹 간의 연맹"[7]으로 정의한 바 있다. 현존하는 그러한 부족들은 일반적으로 언어와 문화와 영토를 공유하고 있는 집단의 사람들이다. 그들에게 효과적으로 접근해서 복음을 전하며 그들도 새로운 하나님 나라의 백성으로 살아가도록 하기 위해서는 그들이 가진 언어와 문화적 유산과 사회적 특징을 제대로 알아야 함은 물론이다. 특히, 그들의 "사회관계가 부족사회 생활의 핵심"[8]이기 때문이다. 무엇보다도 그들만이 가지고 있는 문화적 질서는 말할 것도 없고 그들의 사회적 구조와 관계를 이해하고 그러한 이해를 바탕으로 그들에게 접근하여 관계를 맺고 복음을 전하는 일이 중요할 것이다.

신약 성경에서 "종족"은 헬라어 "에쓰노스"(ἔθνος)라는 단어로 표현되고 있다. 복음이 "모든 족속에게 전파"(눅 24:47)되어야 할 것을 명령하신 주님의 말씀에서도 바로 그 단어가 사용되고 있다. 반면 마태는 우리에게 "모든 민족"(28:19)에게 가서 세례를 주고 가르치고 제자로 삼으라는 주님의 명령을 전달하고 있는데, 우리 성경은 "민족"으로 번역하고 있지만, 헬라어는 누가복음의 그것과 똑같은

6 전호진, 『인종갈등의 시대와 미전도 종족 선교』 (서울: 영문, 2001), 20.

7 John Friedl, *The Human Portrait* (The Human Portrait. Englewood Cliffs, N. J.: Prentice Hall, 1981), 362.

8 Paul G. Hiebert & Eloise Hiebert Meneses, 안영권・이대헌 역, 『성육신적 선교사역』 (서울: 기독교문서선교회, 1998), 94.

단어(ἔθνος)를 사용하고 있다. 계시록에서는 마지막 날에 "각 나라와 족속과 백성과 방언에서 아무라도 능히 셀 수 없는 큰 무리가"(12:9-10) 어린양을 찬양하는 장면이 나오는데, 거기에는 "나라"(ἔθνος), "족속"(φυλός), "백성(λαός), "방언"(γλῶσσα)이라는 다양한 용어들이 동원되고 있다. 그런데 여기에서는 "에쓰노스"가 '나라'로, "퓔로스"가 '족속'으로 "라오스"가 '백성'으로, "글로싸"가 '방언'으로 번역되고 있다. 이것은 "종족"이라는 단어가 유사한 다른 단어들과 함께 여러 다른 차원이나 다른 각도에서 사용되고 있음을 잘 보여주고 있다.

인종(race), 민족(people, ethnic group)과 국가(nation)

일반적으로 인종(race)은 "특정한 종에 속한 사람들과 유전자 일부가 서로 다른 사람들의 집단" 혹은 "특정 환경에서 살아남고 재생산하기 위한 가장 적합한 자연선택에 의해 생겨난"[9] 집단으로 "신체적이고 생물학적인 특징"[10]에 따라 정의될 수 있을 것이다. 그런 점에서 본다면 인종은 지역과 신체적 특성에 따른 인간에 대한 분류로서 "종족" 개념보다는 훨씬 넓은 개념일 수 있다. 예를 들어, 남태평양의 파푸아섬에는 파푸안 인종이 살고 있는데, 그들이 여러 종족을 이루고 있는 상황을 생각할 수 있다. 초기의 인류학자들은 "(그들이 사는) 지역과 그들의 피부색, 머리카락의 결, 두상의 모양, 코의 모양, 몸의 형태 등과 같은 신체적 모양들을 근거로 인간의 종을 세부적으로 나누려고"[11] 했다. 후기에는 혈통에 근거해서 종을 세분화하려고 시도하기도 했다. 그러한 생각에서 "잡종", "혼혈", 심지어 "돌연변이"와 같은 구분이 나오기도 했다. 그런데 그러한 생각과 구분들은 순수한 인종은 존재하지 않으며 같은 그룹 내에서도 얼마든지 다양한 변이가 나올 수 있다는 사실을 고려할 때

---

9 김재혁(편저), 『아프리카학』 (서울: 도서출판 말굽소리사, 2008), 12.

10 김재혁(편저), 『아프리카학』, 14.

11 Charles H. Kraft, 안영권 · 이대헌 역, 『기독교 문화 인류학』 (서울: CLC, 2005), 232.

잘못된 것이다. 더군다나 어떤 인종의 우월성이나 열등성을 주장하게 되면서, 그것이 단지 "인종적 차이에 대한 문화적 해석"[12]이기 때문에 인종에 대한 편견이라고 할 수 있는 "인종 차별주의"로 이어질 때는 더더욱 바람직하지 못한 것이 될 것이다.

한편 "민족"은 "일정한 지역에서 오랜 세월 동안 공동생활을 하면서 언어와 문화상의 공통성에 기초하여 역사적으로 형성된 사회 집단"(표준국어대사전)으로 볼 수 있는데, 이것은 인종이나 국가 단위인 국민과 반드시 일치하는 것은 아니다. 그런 점에서 "민족"도 종족 집단보다 더 넓은 개념으로 볼 수 있다. 이것은 "인종"에 상응하는 개념으로서 "민족 또는 부족을 함께 가진 사람들의 단위 집단"[13]이라고 할 수 있다. 한 종족이 한 민족을 형성할 수도 있지만, 한 민족 안에 여러 언어, 문화, 종족 집단이 있을 수 있기 때문이다.

그런가 하면 "국가" 개념은 민족보다도 더 넓은 것일 수도 있고 아니면 다른 차원의 개념일 수도 있다. 한 편으로는 한 국가 안에 여러 민족이나 종족들이 존재할 수 있으나, 특별한 한 종족이나 한 민족이 한 국가를 형성할 수 있다는 점에서, 그리고 한 민족이나 종족이 몇 개의 국가에 흩어져 있을 수 있다는 점에서 "국가"라는 개념은 "민족"이나 "종족"과는 다르게 물리적이고 가시적인 정치 체제를 가진 집단을 말하는 다른 차원의 개념으로 보아야 할 것이다.

선교에서의 종족이 갖는 의미

우리의 선교는 복음이 필요한 종족, 아직도 복음이 들어가지 않은 종족, 즉 "미전도 종족"을 그 중요한 대상으로 삼고 있다. 그렇다면 "미전도 종족"을 어떻게 정의할 것인가가 선교에서는

12 Charles H. Kraft, 『기독교 문화 인류학』, 235.
13 김재혁(편저), 『아프리카학』, 14

중요한 것일 수밖에 없다. David Barrett은 "미전도 종족"을 "복음을 전해 받을 만한 아무런 접촉이 없었던 집단"[14]으로, 로잔위원회는 "그 내부에 외부로부터 도움 없이 자기 집단을 복음화할 수 있는 충분한 수의 기독교 신자와 자원을 보유한 자생적인 공동체가 존재하지 않는 종족 집단"으로 정의하고 있다. 그러니까 미전도 종족은 전혀 복음을 받은 적이 없는 종족 집단, 복음이 전해졌지만 유의미한 반응을 보인 적이 없는 종족 집단, 신자가 있다고 하더라고 스스로 복음을 전하고 교회를 세울 수 있는 충분한 수의 신자를 보유하지 못한 종족 집단을 가리킨다고 볼 수 있을 것이다. 그렇다면 그들이야말로 전 세계 모든 신자가 복음 전파 대상으로 삼아야 할 사람들이다.

성경 번역 선교사였던 Cameron Townsend는 번역된 성경이 없는 언어 집단을 위해 그들을 위해 그들의 언어로 성경을 번역해 주는 것으로 그의 사역의 초점을 맞추었고, Donald McGavran은 한 국가 안에서 간과되고 소외된 하부 사회 집단에 그의 사역에 무게 중심을 둠으로 "미전도 종족 집단"의 개념을 명확하게 보여주었다고 할 수 있다. 그래서 전자를 미전도 종족에 대한 "민족 언어학적 접근이라고 한다면 후자는 "사회 문화적 접근"[15]이라고 할 수 있을 것이다. 그들이야말로 기독교 선교 시대에서 국가별 선교 시대를 미전도 종족 선교로 전환하는 일에 큰 공여를 했던 사람들이다.

기독교의 세계 선교를 돌아볼 때 한때는 지역이나 국가 중심의 선교가 활발하게 이뤄지는 시대가 있었다. 그러나 그러한 선교도 필요하겠지만 그러한 선교전략에는 분명한 한계점이 있다. 어느 국가에 복음이 들어갔다고 해서 그 나라 안에 있는 모든 언어문화 종족

---

14 Ralph D. Winter, "Unreached Peoples: The Development of the Concept," Havie M. Conn, ed. *Reaching the Unreached* (Phillipsburg N.J.: Presbyterian and Reformed Publishing Company, 1984), 18.

15 Ralph Winter, "Unreached Peoples: The Development of the Concept," 532.

집단이 복음을 받아들인 것이라고는 볼 수 없기 때문이다. 그러므로 특별히 한 국가 안에 있으면서도 언어가 다르고 문화가 다른 집단에게도, 그리고 서로 사회적 위치가 다른 하부 집단에게도 복음이 들어가야 하는 것은 전혀 다른 차원의 선교가 될 수 있음을 명심해야 할 것이다.

그런 점에서 세계 선교는 반드시 모든 언어와 문화와 종족에게 복음을 전파하는 그것을 일차적인 목표로 삼아야 할 것이다. 그것이 바로 주님께서 말씀하신 "모든 족속"에게 복음을 전하라는 명령(눅 24:47)과 그 "모든 족속"에게 복음이 들어간 후에야 이 세상의 끝이 올 것(마 24:14)이라는 주님의 선언에 맞춘 선교가 될 것이기 때문이다.

또한 우리는 미전도 종족에 대한 책임성에서 그들을 회심시킬 책임이라기보다는 접촉에 대한 책임이 있음을 분명하게 알아야 한다. 그래서 Arthur Pierson은 "우리는 회심에 대하여 책임이 있는 것이 아니라 접촉(contact)에 책임 있다. 우리는 누구도 그리스도를 영접하도록 강제할 권리가 없다. 다만 스스로 여러 방면으로 결정하도록 촉구할 수 있다. 즉, 우리는 모든 사람에게 복음을 전하고 회심의 결정은 복음을 받은 자의 책임으로 돌리는 것이다."[16]라고 말하고 있다. 그러므로 우리는 그들에게 어떻게 접촉할 것이며 어떻게 다가갈 수 있을까를 고민해야만 할 것이다.

종족 문화의 특징

그렇다면 종족들은 어떤 특징과 어떤 특별한 문화를 가지고 있는가? 인간들의 공동체는 어느 곳 어떤 그룹이나 그들 나름의 문화를 가지고 있는데 인간 문화의 일반적인 특징은 어떤 것이며

16 Arthur Pierson, *The Crisis of Missions* (New York: Robert Carter and Brothers, 1886), 325-26.

종족 집단의 문화는 어떤 특징을 가지고 있는가를 살펴보도록 하자. 그리고 일반적인 문화와는 약간의 차이를 보이는 종족 문화의 특징에 대해서도 알아보도록 하자.

문화의 정의

문화에 대한 정의는 다양성과 함축성을 가지고 있다. 어떤 관점과 어떤 것을 중심에 둘 것이냐에 따라 그 정의가 달라지기 때문이다. 그런 점에서 문화에 대한 정의를 내리는 일이 쉬운 일도 아니며 그 많은 정의 중에서 일부를 고르는 일도 쉬운 일이 아니다. 하지만 수많은 문화에 대한 정의 중에서 필자가 생각하는, 중요하게 여겨지는 몇 개의 대표적인 것만 정리해 본다면 다음과 같다.

Clyde Kluckhohn은 "문화란 생각하고 느끼고 믿는 방식이며 미래에 활용하기 위해 축적된 집단의 지식"[17]이라고 보았다. 문화는 근본적으로 인간의 사고와 감정과 지식과 깊은 관련이 있으며 한두 사람의 지식이 아니고 한 집단의 공동체 지성과 관련이 있다는 것이다.

Roger Lundin은 문화를 "한 사회의 삶의 중심에서 상징과 관습과 신념이 복잡하고 서로 맞물려 있는 네트워크"[18]라고 정의하면서 한 사회 안에도 무수한 종족적, 종교적, 지역적 하부 문화들이 존재하고 있음을 강조했다. 그가 지적하듯이 문화를 이해하려면 그것이 한 사회 안에서 서로 맞물려 존재하는 종합적인 네트워크와 같은 것임을 기억해야 할 것이다. 문화를 하나의 간단한 정형으로나 단순한 것으로 다루지 않아야 한다.

---

17 Hollowell A. Irving, "Culture and Behavior: The Collected Essays of Clyde Kluckohn," *The Journal of Higher Education*, 34(4), 237.

18 Roger Lundin, *The Cultures of Interpretation - Christian Faith and the Postmodern World, Grand Rapids* (Michigan: Wm. B. Eerdmans Publishing Co., 1993), 3.

Louis Luzbetak은 "문화는 삶을 위한 계획이다. 문화는 사회가 심리적, 사회적, 관념적 환경 자체에 자신을 적응시키는 하나의 계획이다. 그것은 하나의 체계로 근본적으로 조직된 것이며, 배움을 통해 습득되고, 개인보다는 사회적 그룹의 삶의 방식이라고 할 수 있다."[19] 그의 정의는 여러 학자의 정의를 비교적 포괄적으로 정리한 훌륭한 정의라고 여겨진다. 우리가 그의 정의에서 눈여겨보아야 할 것은 문화가 그 문화권에 속한 사람들에게 현재와 미래의 삶에 적응할 수 있도록 인도하는 삶의 체계이며 계획이라는 점이다. 그러므로 인간은 사실상 문화를 떠나서는 아무것도 할 수 없음을 기억해야 할 것이다.

문화의 일반적인 특징

문화는 인간 삶의 총체적인 것을 담고 있다. 문화라는 것은 우리가 일반적으로 생각하는 것보다 훨씬 넓고 깊은 것을 포함하고 있다. 그래서 문화가 "지식, 신앙, 예술, 법률, 도덕, 관습 그리고 사회의 한 구성원으로서의 인간에 의해 얻어진 다른 모든 능력이나 관습들을 포함하는 복합적인 총체"[20]를 의미한다는 말이 전혀 이상하지 않다. 왜냐하면 문화가 인간 삶의 모든 것을 포함하는 개념이기 때문이다.

문화는 타고나는 것이 아니고 태어나 살아가면서 습득되는 것이다. 문화가 한 그룹의 사람들에게 심리적으로, 관념적으로, 사회적으로 깊이 관련되어 있어서 그 문화권에 태어나는 사람은 마치 그 문화를 내재적으로 타고나는 것으로 착각할 수도 있다. 그러나 분명한 것은 문화는 그 사람이 그 문화에 태어난 후에 살아가면서 배움을 통해 얻어진다는 것을 기억해야 한다. 어떤 사람이든지 그의 인종적,

---

19 Louis J. Luzbetak, *The Church and Cultures - An Applied Anthropology for the Religious Worker* (Pasadena, California: William Carey Library, 1981), 60.

20 한상복·이문용·김광억, 『문화인류학개론』 (서울: 서울대학교출판부, 1990), 65에서 재인용.

종족적, 민족적, 언어적, 국가적 배경과 관계없이 한 문화권에 태어나 살게 되면 그 문화를 배우게 되는 것이다. 또한 다른 문화권에 태어난 사람이 다른 문화권에 들어가 살게 되면 그가 가진 첫 문화와 부딪히면서 다시 새로운 문화를 배워가게 되는 것이다.

문화는 개인의 삶을 넘어 그 공동체원의 공유된 체제이다. 우리가 보통 문화라고 말할 때는 한 공동체의 사람들이 공유하고 있는 어떤 특징을 말하게 된다. 그것은 "특정 계층에 국한되지 않고 모든 인간의 전 삶과 생활에 밀접한 연관을 맺고 있는 실체"[21]를 가리킨다고 할 수 있다. 그래서 P. Hiebert는 문화를 "인간이 생각하고 느끼고 행동하는 바를 조직하고 체계화하는 일단의 사람들에 의하여 공유된 사상과 감정, 가치 그리고 연관된 행동 형태와 산물들의 더 혹은 덜 통합된 체계"[22]라고 보았다.

문화는 통합된 전체이다. 문화는 여러 다양한 영역을 포함하고 있지만, 그 영역들에서 통합되어 전체적인 체계로 구성되어 있음을 기억해야 한다. 그러므로 한 영역의 문화에 변화가 일어나면 다른 영역에 반드시 영향을 주게 되어 있으므로 한 영역의 변화만으로 끝날 수 없다는 것이다. 어쩌면 문화의 변화가 한 영역에서조차 힘든 이유가 바로 여기에 있다고 보아야 할 것이다. 예를 들어, 아프리카의 초기의 기독교 선교에서 그곳에 만연했던 일부다처제를 근절시키기 원했던 선교사들과 교회 지도자들의 좋은 의도를 가진 노력은 심각한 사회적 문제에 봉착해야 했다. 교회의 일원이 되어 두 번째, 세 번째 부인들을 가정에서 내보내게 되자 그 일부다처제가 사회 제도와 경제 제도와 긴밀하게 관련되어 있어 당면한 생계를 위해 수많은 여자가 길거리의 여자로 전락하는 사회적 혼란을 가져오게 되었다.

---

21 이장호, "선교 커뮤니케이션," 『기독교 커뮤니케이션』, 기독교 커뮤니케이션 포럼 엮음 (서울: 예영커뮤니케이션, 2004), 160.

22 Paul G. Hiebert, 김동화 외 역, 『선교와 문화 인류학』 (서울: 죠이선교회출판부, 1996), 41.

이러한 사례가 바로 그러한 문화의 통합성을 잘 보여주는 것이다.

문화는 끊임없이 변화한다. 문화라는 것이 오랜 기간에 만들어진 것이고 매우 견고해서 전혀 변하지 않을 것 같지만 사실상 문화는 끊임없이 변화한다. 보통 그 속도가 느리고 수면 아래에서 일어나는 경우가 많아 잘 느껴지지 않을 뿐이다. 그래서 어느 정도의 기간 그 문화권에서 떠났다가 돌아오게 되면 그 변화를 확연하게 감지할 수 있게 된다. 한 공동체의 문화는 그 문화권 사람들의 변화와 외부적 요인들로 인해 끊임없는 도전을 받게 되면 그에 따라 끊임없는 변화가 일어나게 되는 것이다.

문화의 범주와 차원

Luzbetak은 문화가 가진 3가지 범주[23]를 말하고 있다. 그것은 인간이 만든 어떤 물건과 활동, 그리고 그들이 가진 관계, 또한 그들이 가진 정신적인 영역을 보여주고 있다. 그것은 우리가 문화라고 말할 때 그것의 범주가 사회적이고 정신적인 영역에만 한정되는 것이 아니고 인간이 만든 어떤 결과물이나 그들의 활동도 포함하고 있음을 그가 잘 보여주었다.

* 기술적 문화 - 물질세계를 조절하기 위해 계획된 인공물과 활동
* 사회적 문화 - 개인과 그룹 사이의 상호작용을 지배하는 행동과 관계의 양식
* 관념적 문화 - 지식, 신앙, 세계관 그리고 한 종족의 가치관

그런가 하면 P. Hiebert는 문화의 세 가지 차원[24]을 주장한다. 그는 특히 인간의 문화가 인간의 보이지 않는 정신세계와 관련되어 있으며 일반적인 인식 차원을 넘어 감정과 평가에까지 영향을 끼치는 것임을 보여주었다.

---

23 Louis J. Luzbetak, *The Church and Cultures,* 63.
24 Paul G. Hiebert, 『선교와 문화 인류학』, 41-46.

* 인식적 차원 - 이것은 한 집단이나 사회의 구성원들에 의해 공유된 지식과 관련되어 있다. 이것이 문화의 개념적인 내용을 제공한다. 또한 이것은 무엇이 존재하고 존재하지 않는지도 말해준다. 이것이 사고의 기본 요소를 제공해 주게 된다.
* 감성적 차원 - 그 사람들이 가진 태도, 미적 감각, 식도락, 의상, 싫고 좋은 것, 기쁨과 슬픔 등 감정과 관련된 것들이다. 이것은 삶의 영역 대부분에 반영되어 있다. 이것은 예의와 교제의 개념에서 인간관계를 형성하는 중요한 역할을 한다. 문화의 이러한 감성적 차원은 예술, 문화, 음악, 춤, 연극과 같은 "표현된 문화"와 깊은 관련을 맺고 있다.
* 평가적 차원 - 그 사람들의 가치 결정에 중요한 역할을 한다. 어떤 인식적 믿음의 사실과 거짓을 평가하고 인간 삶의 정서적 표현을 판단하기도 한다. 이것이 가치를 판단하고 옳고 그름을 결정하게 만든다.

문화의 가장 중요한 범주를 선택하기란 불가능하다. 문화적이란 말은 경험을 해석하고 행동을 생산하는 데 사용되는 습득된 지식을 말하며 지식을 정리하는 것은 언어, 행동, 그리고 심지어는 인간에 의해 만들어진 인공물의 양식에도 반영되어 있기 때문이다.

다음 도표는 G. Linwood Barney의 "문화와 초문화"에 나온 문화의 단층을 David J. Hesselgrave가 도표로 그렸고 그것을 다시 필자가 수정한 것이며 거기에 설명을 덧붙였다. 문화를 단층으로 표현했다고 해서, 그리고 그것이 외면적인 면과 내면적인 면이 있다고 해서 반드시 그 순서대로 드러나는 것은 아니다. 어떤 경우에는 동시에 나타날 수도 있을 것이다.

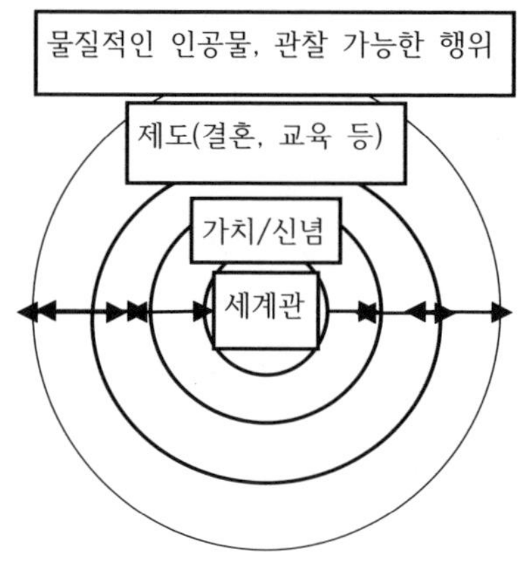

인공물, 행위
-예술, 건축물, 행동이나 태도 등이 포함된다.
제도
- 사람들이 살고 있고 지배를 받는 각종 체제가 포함된다.
가치/신념
- 제도나 체제를 이루고 있는 내적 가치나 신념이 포함된다.
세계관
- 신념체계에 대한 영역별 관점

문화는 사람의 행동과 삶에 영향을 주는 가치와 신념과 세계관을 포함하고 있어서 삶의 변화를 위해서는 문화의 심층에 자리 잡고 있는 세계관의 변화 없이는 불가능하다. 그러므로 진정한 의미에서의 기독교적인 심층 변화는 수용자의 문화 속에 있는 세계관의 변화와 깊은 관련이 있다.

기독교 신앙인에게 있어서 문화는 또 다른 특별한 의미가 있다. 문화는 인간이 만든 것이지만 그 문화의 근원은 하나님의 창조와 깊은 관련이 있다. 하나님께서는 최초의 인간들을 창조하신 후에 그들에게 "생육하고 번성하여 땅에 충만하라"(창 1:28)고 명령하셨다. 그런데 "땅에 충만하라"라는 말은 구약의 오래된 한 사본에서는 '땅을 개발하라'[25]는 말로 대체되었고, 한편 문화(culture)는 '경작하라'(cultivate)라는 말로부터 나왔기 때문에 "땅에 충만하라"는 하나님의 명령은 "문화를 개발하라!"라는 명령으로 읽힐 수도 있다. 그렇다면 인간의 "문화"라는 것은 넓은 의미에서 하나님의 명령에 따른 하나님의 구상임을 엿볼 수 있다.

25 Le'au Sosene, 현문신 역, 『당신의 문화로 그리스도를 존귀케 하라』 (서울: 예수전도단, 2001), 122.

그러므로 모든 문화에는 "하나님의 지문"[26]이 찍혀 있다고 보아야 할 것이며 각 문화는 그 문화로서의 강점과 약점을 갖고 있어서 "각 문화에 영향을 끼치는 다른 문화들을 배울만한 가치가 있다"[27]고 보아야 할 것이다.

종족 문화의 특징

종족 문화는 인간이 가진 문화의 일반적인 특징을 가지고 있으면서 몇 가지 점에서 좀 다른 특징을 가지고 있다. 여기서 말하는 종족 문화는 도시화나 근대화가 이뤄지고 타문화와 혼합된 일반적인 사회의 문화라기보다는 아직도 지정학적, 정치적, 혹은 종교적으로 자신들만의 종족으로서의 정체성을 유지하고 있는 종족 그룹의 문화를 의미한다.

종족의 정체성을 반영하는 측면에서 그 결속력이 일반적인 문화보다 강하다. 그 구성원들은 자신들의 문화와 언어 유지가 자신들의 정체성을 보존하는 것으로 생각하는 경향이 있다. 그래서 그들이 자신의 문화와 언어를 유지하려는 강한 의지를 갖는 것이 보통이다. 심지어 국가어나 공용어를 사용하면서도 자신의 하부 공동체에서는 자신들의 언어를 유지하는 경우가 많고 특별한 공동체 안에서나 가정에서 그들만의 문화를 강하게 유지하기도 한다.

그 종족이 구전적 사회라면 그들의 구전적 매체(이야기, 노래, 시, 춤, 경구 등)에 그 문화적 내용과 특성이 유지 보존되어 있다. 물론 컴퓨터와 인터넷의 빠른 보급은 많은 종족 고유의 구전적 매체들을 약화시킨 것은 사실이다. 그런데도 많은 종족은 자신들의 전통적인 매체들의 일부를 유지하는 경우가 흔하다.

지정학적으로 혹은 정치적으로 접근이 어려운 지역의 종족 문화는 일반 문화보다 폐쇄성이 강한 것이 특징이다. 일반도시나 대규모 공

26 Le'au Sosene, 『당신의 문화로 그리스도를 존귀케 하라』, 127.
27 Le'au Sosene, 『당신의 문화로 그리스도를 존귀케 하라』, 131.

동체와 지정학적으로, 정치적으로, 아니면 종교적인 차이로 분리된 종족 공동체들은 아직도 타문화나 타종족의 문화나 영향에 대해 폐쇄성을 보이는 경우가 많다.

그 종족의 사회적 혹은 정치적 제도가 아직도 남아 있고 그러한 제도의 영향을 많이 혹은 일부 받는 특징을 가지고 있다. 그 나라의 행정과 법이 제대로 영향을 미치지 못할 때 당연히 자신들의 사회적 정치적 문화적 제도가 영역에 따라 전부나 일부가 유지되고 있는 경우가 흔하다. 그럴 때 크고 중대한 사건은 국가적 행정이나 법의 지배를 받지만, 일상적인 것들은 자신들의 제도가 아직도 큰 영향을 미치게 된다.

종족 문화권에서의 타문화 의사소통

기독교의 복음 전파가 초 문화권 의사소통에서 성공하려면, 적어도 세 가지를 염두에 두어야 할 것이다. 그것은 "성경에 충실하고, 청중에게 적절하며, 의사소통하는 각 상황에 상관성이 있어야"[28] 할 것이다. 전하려는 메시지가 정확하려면 성경 연구에 충실해야 할 것이고 청중을 제대로 알고 그들의 문화적 상황을 이해할 때 적절하고 그들에게 상관성이 있는 의사소통이 가능하다는 것이다.

그래서 종족 문화의 특징을 알게 되면 그 문화권에서의 효과적인 의사소통을 고려할 수 있게 된다. 대부분의 종족 문화가 가진 가장 중요한 특징은 그들이 구전적 성향이 강하다는 것이다. 그러므로 구전적 문화에 맞는 의사소통 방법론은 심각하게 다뤄져야 할 것이다.

구전 문화권에서는 대부분의 의사소통이 구어적 전달, 즉 스토리

28 Daniel R. Shaw & Charles E. Van Engen, *Communicating God's Word in a Complex World* (New York: Rowman & Littlefield Publishers, INC., 2003), xv.

텔링에 의존하게 된다는 점을 기억해야 한다.[29] 그리고 그들은 "(사람의) 말에는 반드시 발화되고 소리로 울리는 것이며 그러므로 힘에 의해 발생한다는 감각"[30]을 가지고 있다. 그러므로 그들은 인간의 의사소통에서 말이라는 것이 힘을 가지고 있고 그것이 다른 사람이나 사물에 힘을 불어넣는다고 생각하는 것은 당연한 것이다. 그렇다면 그들에게 사용되어야 할 가장 효과적인 의사소통 방법이 이야기를 말로 전하는 스토리텔링 방식인 것을 고려하여 그들 관점에서 복음 전파를 시도해야 할 것이다.

구전 문화권 사람들은 "그들의 중요한 역사나 정보를 이야기 형태로 보존하고 있다. 또 그들은 이야기 형태로 기억하고 있고, 그들의 문화적, 세계관적 가치들도 모두 이야기에 들어 있다."[31] 따라서 그들의 정체성을 파악하고 그들을 제대로 이해하기 위해서는 그들의 이야기에 분석과 이해가 필요하다는 것이다. 그러한 선행된 연구 없이 그들에게 적합한 어떤 의사소통 방법론을 찾는다는 것은 지혜 없는 일이 될 것이다.

구전 문화권 사람들은 의사소통할 때 그들의 문화에 적절한 의사소통 방식들, 즉 이야기 외에도 노래나 영창, 연극, 춤, 시, 잠언이나 속담, 수수께끼, 특별한 의식 등을 사용한다. 그러한 방법들은 그들의 의사소통에서 익숙하고 효과적인 수단들이다. 그렇다면 그들에게 복음을 전할 때에 그러한 방법들을 함께 사용하는 것이 매우 유용할 것이다.[32] 그들이 사용하는 그러한 방법들은 그들이 주로 사용하는 스토리텔링 방식을 통해 먼저 그 정보를 기억한 다음에 그들이 사용하는 여러 다른 방법으로 그것을 몸으로 익혀서 오랫동안 기억하게

---

29 김연수, "성경 스토리텔링과 공연 비판/연구," 『한국선교 KMQ』 vol 19, No. 3 (2020년 봄호), 161.

30 Walter J. Ong, 임명진 역, 『구술문화와 문자문화 - 언어를 다루는 기술』 (서울: 문예출판사, 2018), 72.

31 김연수, "성경 스토리텔링과 공연 비판/연구," 161-162.

32 김연수, "스토리텔링 1차 워크숍," (비출판물(워크숍북), 2017), 19.

하며 다른 사람들에게 정확하게 전달할 수 있도록 사용되기 때문이다.

구전 문화권 사람들은 중요한 것을 외워서 전달하는 특징을 가지고 있다. 그들이 이야기를 전달하면서 써놓은 것을 보면서 전하는 때는 있을 수 없다. 그들은 중요한 것이라면 당연히 외워서 전달하는 것을 기대하고 있다. 그들에게는 "생각해 낼 수 있어야 아는 것"[33]이기 때문이다. 그런 점에서 복음 전달자가 복음을 이야기 형태로 완전하게 외워서 이야기로 전달하는 것은 구전 문화권에서의 의사소통에서 중요한 요소가 될 것이다. 문자 문화권에서 어떤 것을 외워서 전달하는 것에 큰 의미를 두지 않는 경향이 있다. 그것이 기록으로 보존되어 있고 원한다면 그 자료를 언제든지 자신과 남을 위해 사용할 수 있기 때문이다. 그러나 구전 문화권에서는 그 부분에서 아주 다르다는 점을 기억해야 할 것이다. Neil Postman은 "구전 문화권 사람들은 기억력에 높은 가치를 부여하며, 그 공동체에서 무엇을 망각하는 것이 위험이며 어리석음의 결정체"[34]라고 주장한다. 구전 문화권에 사는 사람들에게는 물론이고 문자 문화권에 살고 있지만, 구전적 성향이 강한 사람들에게는 이야기를 외워서 전달하는 것이 얼마나 중요한 것인지에 대해 반드시 상기되어야 할 것이다.

종족 문화 연구의 의미

종족 문화 연구는 종족 사람들과 그 사회에 대한 전반적인 이해를 도와준다. 우리가 앞에서 문화에 대해 살펴보았듯이 그 공동체의 문화는 그 문화에 속한 사람들의 외적 내적 관계적 모든 것을 망라하고 있으므로 그들의 문화를 알게 된다는 것은 그 문화권의 사람들과 그 사회에 대해 깊이 이해할 수 있게 만든다.

---

33 Walter J. Ong, 『구술문화와 문자문화 - 언어를 다루는 기술』, 73.

34 Neil Postman, 홍윤선 역, 『죽도록 즐기기』 (서울: 굿인포메이션, 2009), 50.

종족 문화 연구는 종족 사람들의 세계관을 알게 하며 그에 맞는 복음 전파의 돌파구를 마련할 수 있도록 해준다. 인간의 모든 판단과 감정과 결정과 행동은 그들이 가진 세계관에 의해서 좌우되게 되어 있다. 그래서 그들의 세계관에 대해 알게 되면 그들에게 새로운 진리, 복음을 전달할 때 그들이 가장 반발심 없이 효과적으로 받아들일 수 있는 길을 찾을 수 있게 만들어준다.

종족 문화 연구는 우리가 타 문화권 사역에서 저지르기 쉬운 자기 문화 중심주의 사고방식에서 벗어나도록 도와준다. 모든 사람은 자신의 문화가 합리적이며 옳다고 생각하는 무의식성을 가지고 있다. 또한 다른 문화를 접하게 될 때 자신도 모르게 자신의 문화를 가지고 다른 문화를 평가하는 경향이 있다. 그러나 한 종족의 문화를 깊이 알게 되면 그때 비로소 자문화중심주의적인 생각에서 벗어날 수 있는 길이 열리게 된다.

종족 문화 연구는 그들 문화의 특징에 맞는 일반적인 의사소통 방법과 더 나아가 선교전략을 찾는 데 도움을 줄 수 있다. 그들의 가치관과 세계관, 그들의 언어와 문화를 깊이 있게 이해하게 되면 그들의 사고와 관습과 사회관계에 맞는 의사소통 방법론을 찾을 수 있게 되고 더 나아가서는 그들을 위한 맞춤형 선교전략을 찾을 수 있게 된다. 여기의 선교전략은 단지 복음 전파뿐만 아니라 그들을 위한 제자 양육과 신앙공동체, 더 나아가 그들의 다른 사람들을 향한 선교전략까지를 포함하는 것이다.

2장
선교 방법론으로서의 종족 문화 연구의 필요성

종족 문화 연구와 문화 인류학

종족 문화 연구의 정의

하나님께서는 아담과 하와라는 한 인류의 시조를 창조하셨지만 그들의 후손은 바벨탑 사건 이후에 다양한 언어권과 문화권으로 나뉘게 되었다. 현재 이 세상에는 1만 4천여 개의 종족[35]이 있는 것으로 알려졌다. 그들은 각기 다른 문화와 언어를 가지고 있는 것이 보통이다. 그들이 다른 언어를 가지고 다른 문화권에서 살고 있다는 것은 그들이 다른 세계관, 다른 신념체계, 다른 행동양식을 가지고 있음을 의미한다. 그러므로 그러한 다른 종족들의 사람들과 그들의 문화를 연구한다는 것은 사람에 대한 이해와 그들을 향한 타문화 의사소통 채널, 즉 타 문화권 선교전략을 수립할 수 있음을 의미하는 것이다.

종족 문화 연구와 문화 인류학

사람들에 대해서 그리고 그들이 속해 있는 문화에 관해서 연구하는 것은 종족 연구나 문화 인류학이 유사한 분야임을 보여주고 있다. 본래 인류학자들은 "인간이 어떤 행동을 어떻게 하는가에 관한 연구를 시도하며… 사람들이 살아가고 있는 그대로의 삶에

---

35 Jerry A. Rankin, 박영호 역, "오늘날 선교의 상황," John Mark Terry, Ebbie Smith and Justice Anderson(editors), 한국복음주의 선교신학회 역, 『선교학 대전』(서울: CLC, 2003), 74. 이 세상의 종족 수에 대한 통계는 발표 단체마다 그리고 시기에 따라 차이가 있을 수 있다.

관심"[36]을 갖고 있다. 또한 인류학자들은 "문화적 경향에 따라 살아가는 사람들에 대해 관심이 있으므로 문화적 개념과 세계관에 대한 개념을 발전"[37]시켜왔다. 또한 그들은 타 문화적 관점을 가지고 있는데, 그것은 "이 세상에 사는 수많은 사람이 자신이 사는 독특한 문화 구조 속에서 어떻게 상호작용하는지에 관한 실질적인 연구 결과들과 지금까지 우리가 발견한 것들을 상호 비교하여, 사람이 어떠한 존재들인지에 대한 일반적인 이해를 시도"[38]하는 것을 말한다.

그러므로 한 종족과 그의 문화를 연구하는 것은 사람들에 관해 연구하는 것이며 그들이 속하여 사는 그들의 문화와 세계관까지를 연구하는 것이라고 볼 수 있으며 결국 사람을 총체적으로 이해하려는 노력이라고 할 수 있다.

종족 문화 연구가 주는 이점

한 종족 문화에 관한 연구는 그 연구로 끝나지 않는다. 타 문화권 사역자는 그 종족 문화를 연구함으로 그들을 이해하고 그들을 실제로 도울 수 있는 방법을 찾을 수 있을 뿐만 아니라 그들의 신학 형성에 도움을 줄 수 있다. 선교적 연구 방법론은 결국 선교학을 형성하게 되며 그 선교학이 그들의 신학의 기본이 될 것이기 때문이다.

그렇다면 우리가 한 종족에 관한 연구를 하게 되면 어떤 이점이 주어지는지를 살펴보도록 하자.

첫째로, 타 문화에 관한 연구는 자문화 중심주의적 사고나 다른 사람들이나 다른 문화에 대해 가진 오해나 편견을 극복할 수 있도록 도와준다. P. Hiebert는 우리가 "인지적 차원에서의 타 문화권적 혼동은 오해를 불러일으키지만 감정적 차원에서는 자문화중심주의를

---

36 Charles H. Kraft, 『기독교 문화 인류학』, 36, 37.
37 Charles H. Kraft, 『기독교 문화 인류학』, 40-42, 49-50.
38 Charles H. Kraft, 『기독교 문화 인류학』, 45.

말한다."[39]라고 말한다. 특히 "자문화중심주의"(ethnocentrism)는 그것을 가진 사람에게 "다른 사람도 그 자신이 가진 것과 같은 문화적 필요, 결핍과 욕구가 있을 것이라고 믿게 만든다."[40]는 것이다. 그러한 태도는 다른 문화를 자신의 문화 관점에서 보고 이해하려고 하므로 그 문제가 심각하다. 그런데 사람이 다른 문화를 공부하면서 인간이 얼마나 다양한지, 그리고 그들이 자신과 얼마나 다른지를 배우게 된다. 그러면 그가 다른 문화권에 대해 갖게 된 오해와 자문화중심주의에서 벗어나 진정한 의미에서 그들과 함께 살아갈 수 있는 길을 찾아가게 되는 것이다.

둘째로, 타 문화에 관한 연구는 "타문화의 상황"[41]과 타문화적 사건을 이해할 수 있도록 만들어준다. 서로 문화가 다르게 되면 내적으로 인지적 차원과 감정적 차원에서는 말할 것도 없고 외적으로 일상적인 행동양식 차원에서도 심각한 차이를 보이게 된다. 다른 문화에 관한 연구는 한 문화 안에 있던 사람이 타 문화권에 들어가 겪게 되는 다양한 차이와 그로부터 오는 스트레스와 충격을 완화해 주거나 그것을 극복할 수 있도록 도와준다.

셋째로, 다른 문화를 연구하게 되면 "문화적 차이의 근본적인 특성"[42]을 알게 된다. 우리는 다른 문화권에 있는 사람들은 그들의 행동이나 물질적인 문화, 그들이 가진 신념이나 가치에서만 차이를 보이는 것이 아니고, 세계를 인식하고 그것을 조직화하는 것에도 차이가 있음을 보게 된다. 그런 점에서 다른 문화권의 사람들은 우리와는 다른 세계에 사는 것과 같다.

---

39 Paul G. Hiebert, 『선교와 문화 인류학』, 136. Paul G. Hiebert, *Cultural Anthropology* (Grand Rapids Michigan: Baker Book House, 1983), 37, 38.

40 Stephen A. Grunlan & Marvin K. Mayers, *Cultural Anthropology - A Christian Perspective*, 2nd Edition (Grand Rapids, Michigan: Zondervan Publishing House, 1988), 248.

41 Paul G. Hiebert, 『선교와 문화 인류학』, 20.

42 Paul G. Hiebert, *Cultural Anthropology,* 21.

넷째로, 다른 문화를 공부하게 되면 그 다른 문화권에 사는 사람에게 진정한 의미에서 다가갈 수 있는 다리가 만들어진다. 문화를 제대로 이해하기 위해서 가장 많이 사용하는 방법은 그들과 같은 내부자의 관점을 갖는 것인데 그러한 관점을 가질 때 그들을 깊이 이해할 수 있고 마음으로 그들에게 다가갈 수 있게 되는 것이다.

다섯째로, 다른 문화를 연구하게 되면 그 문화권에 있는 사람들에게 가장 효과적으로 복음을 의사소통할 수 있는 길을 찾게 되고 "그들이 그리스도인이 되었을 때 일어나게 되는 사회적인 변화를 포함하여 회심과 삶의 변화에 도움을 줄" 수 있게 된다. 그들에 대해 제대로 알지 못하고 섣부르게 알게 되면 복음을 전하는 과정과 그 이후의 삶에 일어날 문제들에 대해 제대로 도울 수 없다.

종족 선교 방법론으로서의 종족 문화 연구의 필요성

종족 문화 연구 없이 그 문화권에 속한 사람들을 도울 수 있는 어떤 일도 사실상 할 수 없다. 한 문화를 연구한다는 것은 결국 그 문화권에 속한 사람들에 관해 연구한다는 것이다. 그래서 그것은 그 문화의 중심에 놓여 있는, 그곳 사람들의 일상생활과 매일매일의 모든 결정을 좌우하고 있는 세계관을 연구하는 것이다. 세계관은 "그 사회가 작동하는 기본적인 가정들을 공급해 주는 것"[43]이기 때문에 그들의 세계관을 이해하지 못한다면 그들을 이해할 수 없고, 그들을 이해할 수 없다면 그들을 위한 어떤 의미 있는 일을 하는 것도 불가능하게 되는 것이다.

종족 문화 연구를 통해 비로소 그들을 위한 효과적인 선교 방법론을 찾을 수 있다. 한 종족의 문화를 연구하다 보면 그들이 중시하

---

43 Daniel R. Shaw, *Transculturation - The Cultural Factor in Translation and Other Communication Tasks* (Pasadena, California: William Carey Library, 1988), 107.

는, 혹은 그들이 선호하는 의사소통 방법론을 찾게 된다. 복음 의사소통 시도는 바로 그들이 즐겨 사용하고 선호하는 의사소통 방법론에서부터 시작되어야 할 것이다. 예를 들어, 구전 문화와 문자문화를 오랫동안 연구했던 Walter Ong은 그의 책에서 "구전 문화권의 속담이나 격언이 우연이 아니고 그치지 않고 사용되고 그것들이 사고 자체의 본질을 형성하며, 그것들이 없이는 어떠한 형태의 사고 확장도 불가능한데, 그 이유는 그 사고가 그러한 것들로 구성되어 있기 때문"[44]이라고 말함으로 구전 문화권에서 그들이 사용하는 어떤 의사소통 수단들이 그들의 사고와 행동에서 어떤 역할을 하는지를 잘 설명해 주고 있다. 그러므로 그들의 문화를 연구하게 되면 그들에게 가장 효과적인 의사소통 방법론을 찾는데 유리할 수밖에 없는 것이다.

종족 문화 연구는 선교 사역자에게 그들을 바르게 이해할 수 있도록 해줌으로써 결국 그들의 문화가 아닌 복음에 근본적인 관심을 두도록 도와준다. 그들의 문화를 깊이 탐구하게 되면서 자신과는 너무도 다른 그들의 문화를 보면서 그 문화나 다름이 본질이 아니고 바로 복음만이 본질임을 알게 되는 것이다. 만약에 우리가 "그들의 (삶에서의) 복지나 (단지) 그들의 정신적인 면에서의 효과성이 영적인 삶의 기준으로 정의된다면 진리와 선에 관한 주장의 근거를 잃어버리게"[45] 될 것이다. 그들이 선교 사역자와는 그렇게 다르지만, 영적인 필요와 진리의 절대성 차원에서는 전적으로 같은 존재임을 확인하게 되는 것이다.

종족 문화 연구는 그 종족의 복음화는 말할 것도 없고 나아가 인류 문화 발전에 이바지할 수 있게 된다. 이 세상에는 있는 수많은 종족이 아직도 인류가 누리는 보편적인 혜택을 접하지 못하고 있는

---

44 Walter J. Ong. *Orality and Literacy* (New York: Routledge Taylor & Francis Group, 2003), 35.

45 Roger Lundin, *The Cultures of Interpretation,* 6.

것이 사실이다. 그들에게 어떻게 접근해서 어떻게 효과적으로 도움을 줄 수 있느냐는 그들에 관한 선행적인 연구에 달려 있다고 해도 과언이 아니다. 그들에게 무조건 접근하여 도움을 주려는 시도가 오히려 그들에게 상처와 위협감을 주고 뜻하지 않았지만, 그들이 무방비 상태에서 외부 세계의 부정적인 영향을 받도록 하기 때문이다. 한 종족에 관한 연구와 효과적인 접근법 전략 수립과 실제적인 도움의 사례는 아직도 외부 세계와는 상당히 거리를 두고 있는 종족들을 도울 수 있는 길을 만들어주는 것이 될 것이다.

종족 문화 연구의 역사와 그 의의

종족과 종족 문화에 관한 관심과 필요성 인식

인간이 미생물로부터, 하급 동물로부터 진화되어 생겨난 것이라면 사실상 인간의 다른 인종, 다른 종족에 관심을 가질 필요가 없다. 그들 측면에서 본다면 인간은 어디에서 와서 어디로 가고 있는지도 모르며 어떻게 사는 것이 가장 인간적인지도 알 수 없기 때문이다. 그러나 인간이 창조주에 의해서 목적이 있어서 창조된 존재라고 믿는다면 이야기는 달라질 것이다. 더군다나 인간이 한 인종이나 종족이 아니고 언어와 문화 차원에서 그렇게 많은 종류가 있다는 사실과 인간들의 이 세상 존재에 목적과 이유가 있다고 믿는다면 다른 사람들에 관한 관심은 인간 본연의 사명과 목적과 관련되어 있다.

그것은 바로 인간에게 창조주로부터 주어진 문화적 사명과 선교적 사명 때문에 다른 사람에 관해 연구하고 그들의 문화를 탐구하며 그들이 유일하게 구원받을 수 있는 복음을 나누는 일은 가장 중요한 일이 될 수밖에 없을 것이다. 다른 종족에 대해 관심을 가지고 그들의 말과 문화를 연구하며 그들에게 가장 효과적으로 복음을 나누려는 노력은 모든 신자에게 주어진 최고의 사명이다.

그동안의 종족 문화 연구 역사

그동안 종족 연구에 대해서는 인류학자들의 노력이 있었고 기독교 선교계에서는 성경 번역 선교회에서, 많은 공헌을 해왔다. 특히 위클립 성경번역 선교회의 인도네시아 지역본부가 만든 "확대된 배경 연구"(Expanded Background Study)와 같은 방법론이 잘 사용되고 있다. 한국에서는 "미전도 종족 입양운동본부" 중심으로 미전도 종족 연구를 꾸준히 해왔다고 볼 수 있다.

앞으로의 종족 문화 연구의 기대

기독교의 복음이 전해진 지 2천 년이 넘었지만, 아직도 이 지구상의 언어 종족 그룹을 17,400여 개[46] 중에서 미전도 종족이 7,400여 개로 전체 인구의 42.5%, 32억 3천만 정도의 사람들이 복음을 듣지 못하고 있음을 인정한다면, 기독교의 세계 선교는 어느 방향으로 나아가야 할지가 분명해진다. 바로 기독교 선교의 목표가 그러한 미전도 종족에게 맞춰져서 그들에게 다가가서 그들에게 가장 적절한 방법으로 복음을 전하는 것이 되어야 할 것이다. 그 일을 위한 가장 중요한 준비는 바로 그 미전도 종족 하나하나에 대한 문화 연구를 통해 그들에게 다가가서 복음 의사소통을 시도할 수 있는 길을 만드는 것이 될 것이다.

이 일을 위해서 전문적으로 연구원을 양성해서 파송하는 일도 필요하겠지만 현재 전 세계 170여 개국에 나가 있는 2만 8천여 명의 선교사들이 먼저 자신이 사역하고 있는 나라에서, 그리고 그들의 사역지에서 비교적 가까이에 있는 미전도 종족에게 들어가서 그들에 대한 개괄적인 조사를 하고 연구를 시작하는 것이 더 효과적이고 현실성이 있는 길이 될 것이다. 그런 점에서 이미 파송된 모든 선교사, 앞으로 파송될 선교사들에게 종족 문화 연구 방법론의 기본이 가르쳐져서 사역지에 들어가 언어와 문화를 배우는 단계에서부터 그가

46 언어에 따른 종족 수와 일반 종족 수는 차이가 난다. 일반적으로 언어에 따른 종족 수가 일반 종족 수보다 많다.

하게 될 사역과 별도로 그가 접근할 수 있는 미전도 종족들에 대한 문화 연구가 시작되었으면 하는 바람이다.

3장

종족 문화 연구 방법론과 선교 방법론

우리가 다양하고 복잡한 선교 상황 속에서 가장 적절한 문화 연구 방법론이나 선교 방법론을 찾아내기를 원한다면 David J. Hesselgrave의 말에 귀를 기울일 필요가 있다.

> 선교 사역은 세 가지의 근본적인 자료들에 그 뿌리를 두고 있다 - 성경에 있는 하나님의 계시와 그 계시에 기반을 둔 교회의 신조와 신학 체제; 세상의 사람들과 그들의 문화와 신념체계와 관습을 이해할 수 있도록 도와주는 사회 과학과 행동 과학; 그리고 선교사의 과거와 현재의 성공과 실패의 경험들. 이 세 가지 모든 정보의 보고(寶庫)로부터 상관성 있는 자료를 찾아내고 그것을 살펴보지 않고 어떤 선교적 이슈를 탐구하는 것은 선교적 질문을 생략해 버리고 위험한 선교 이론과 실행에 맡기는 것이 된다.[47]

그는 우리가 우리의 사역에 가장 적합한 선교 방법론을 찾기 위해서는 계시와 세상의 과학과 경험을 모두 살펴보고 그것들에 관해 탐구해야 함을 말하고 있다. 그 셋 중에서 하나라도 소홀히 하는 것은 오히려 우리를 위험에 빠뜨리는 방법론을 만들 수도 있음을 경고한 것이다. 타문화권 사역자는 "그리스도의 유일성과 회개의 필요성과 성경의 권위와 신뢰성을 확신하는" 사람일 것

47 David J. Hesselgrave, *Preface to Missiology and the Social Sciences: Contributions, Cautions and Conclusions*, Evangelical Missiological Series 4, ed. Edward, Rommen. and Gary, Corwin (Pasadena: William Carey Library, 1996), 1.

이다. 그리고 동시에 우리가 "초문화적 사역 현장에서 수많은 도전에 당면해 있고 선교 사역에 필요한 개인적이고 재정적인 높은 비용"[48]을 고려하여 가장 풍성한 열매를 낼 수 있는 선교 방법론을 찾는 일에 깊은 관심을 가져야 할 것이다.

종족 문화 연구 방법론과 선교 방법론에 대한 전제

종족 문화 연구 방법론은 반드시 그것이 현장에서 만들어지는 것이 바람직하고, 한 번 만들어진 방법론이 영구적이거나 완전할 수 없으므로 그것이 만들어지고 사용되고 평가되는 데에 있어서 끊임없는 쇄신이 필요하다. 또한 한 번 만들어진 것이 변할 수 없는 것도 아니다. 그래서 방법론을 사용하는 사람들은 다음과 같은 노력을 해야만 할 것이다. 이에 J. D. Payne은 중요한 원칙들을 제안한 바 있다.[49]

> 방법론은 느슨하게 적용되어야 한다. 방법은 시간에 따라 사람에 따라 변할 수 있으며, 특별한 한 방법론에 사로잡히면 후에 문제를 일으킬 수 있기 때문이다. 한 방법론이 모든 사람에게 맞는 것은 아니다. 방법론이라는 것은 각 상황에 따른 독특한 것이기 때문이다. 다른 방법론은 다른 결과를 가져올 수 있음을 기억해야 한다.
>
> 또한 같은 방법론이 같은 결과만을 만들어내는 것도 아니다. 현장에서 만들어진 방법론이 최고의 것이다. 다른 이야기를 듣고 혹은 연구실에서 생각함으로 방법론이 만들어질 수는 있다. 그러나 최고의 방법론은 현장에서 우리가 가지고 있는 원칙들을 적용

48 Craig Ott, "Missionary Methods: The Questions that Still Dog Us," *Missionary Methods - Research, Reflections and Realities* (Pasadena, California: William Carey Library, 2013), 197.

49 J. D. Payne, "Introduction: Methodological Stewardship: Always Evaluating, Always Adjusting," *Missionary Methods - Research, Reflections and Realities* (Pasadena, California: William Carey Library, 2013), xx.

하려고 할 때 만들어진다. 방법론은 그것이 가진 성경적 근거에 대해 계속 점검되어야 한다. 이 일을 게을리한다면 방법론이 수많은, 건강하지 못한 실행을 만들어내는 방향으로 개발될 수 있다.

종족 문화 연구 방법론과 선교 방법론의 원칙

우리가 어떤 좋은 방법론을 타문화 연구와 타문화권 사역에서 사용한다고 해서 그것이 성공적인 타문화권 사역에서의 열매를 보장해 주지는 못한다. 사람과 지역과 문화와 상황에 따라 얼마든지 그 성공 여부에 영향을 줄 수 있는 다른 변수들이 있을 수 있기 때문이다. 그러므로 우리는 좋은 방법론을 찾기 이전에 성경적인 방법론이 가진 전제와 원칙들에 관심을 가질 필요가 있다.

우리는 신약 성경에서 "하나님의 인도에 따라 수행된 선교 사역의 목표와 법칙과 전략"[50]을 발견할 수 있다. 우리는 특히, 사도행전과 서신서에서 드러나고 있는 가장 탁월했던 선교사였던 바울의 선교 방법론을 통해 깊은 통찰력을 얻을 수 있다. 그의 선교 방법론은 확실한 원칙을 고수하는 방법이었다.[51] 바울은 그의 선교 사역을 공동체를 통해서 성취해 냈다. 우리는 바울이 어떤 지역에 교회를 세우고자 할 때는 아직도 둥지에 있는 신자들을 강하게 키울 수 있도록 믿을 만한 동역자를 남겨놓곤 했음을 볼 수 있다. 우리가 사도행전의 바울의 선교 여행에서 발견하게 되는 "우리"(행 16:12, 13; 17:1)라는 단어를 통해서 그러한 사실을 확인할 수 있다. 예를 들어 바울의 2차 선교 여행과 3차 선교 여행 사이에 바울은 누가를 빌립보에 5년 동안을 남겨 놓았음을 알 수 있다.

---

50 Craig Ott, "Missionary Methods: The Questions that Still Dog Us," 207.

51 바울이 가졌던 선교 방법론에서의 원칙은 R. Gallagher가 잘 정리했다. Robert L. Gallagher, "Missionary Methods: St. Paul's, St. Roland's or Ours?" *Missionary Methods - Research, Reflections and Realities* (Pasadena, California: William Carey Library, 2013), 39-21.

그런가 하면 바울은 그의 선교 사역에서 철저하게 성령님의 능력을 의존하는 사역 방법론의 원칙을 고수했다. 사실 그의 선교 사역 시작이 성령님에 의한 것이었고(행 13:1-4), 그가 에베소 교회를 방문할 수 없는 상황에서 그 가까운 곳을 지나갈 때는 그 교회의 장로들을 불러서 모든 성도를 "주와 그 은혜의 말씀"(행 20:32)에 부탁한다고 기도했는데 그것은 성령님께서 주님의 말씀을 가지고 일하시기 때문이었다.

또한 바울은 특히, 누가의 기록들(행 13:16-41; 14:15-17; 17:22-31)을 볼 때 "청중이 처한 상황에 대한 공감과 회유의 어조", "청중을 존중하는 태도", "영적인 권세들과 영적인 필요들을 의식하는 살아있는 존재로 대우"[52]하고 있음을 볼 수 있다. 이것은 그가 청중들의 문화와 상황을 존중하고 인정함으로써 나올 수 있는 복음 전파자의 모습이라고 할 수 있다.

바울의 선교 방법론의 원칙에서 중요한 것은 역시 기도였다. 그러한 원칙은 당연히 그가 성령님에 의존하는 사역을 했음을 보여주는 것으로써 "성령님(만이) 그분을 믿는 우리 믿음을 정당화하실 것"[53]이기 때문이다. 그리고 그것은 하나님의 아들이신 예수님의 모든 사역이 모두 기도를 통해서 된 것(눅 3:21; 5:15, 16; 6:12; 9:18, 29; 10:1-21 11:1; 22:39-46; 23:34-46)과 궤를 함께하고 있다. 바울은 주님처럼 그가 어디에 있든지 정규적인 기도의 습관(행 16:13, 16; 22:17)을 지니고 있었고 안디옥 교회에서 성령님께서 바울과 바나바를 세우실 때(행 13:3)도 그리고 바울이 처음으로 이방인 교회의 지도자를 선택할 때(행 14:23)도 기도로 이루어졌다. 그러므로 바울의 선교 방법론에서 그의 선교전략에서 기도가 빠진다면 가장 중요한 축이 빠져버림을 알아야 할 것이다.

---

52 Roland Allen, 홍병룡 역, 『바울의 선교 vs. 우리의 선교』 (서울: IVP, 2008), 110.

53 Roland Allen, 『바울의 선교 vs. 우리의 선교』, 235.

바울은 그의 사역이 영적인 전투인 것을 잊지 않았다. 그러니까 그의 모든 선교 방법론은 영적인 싸움과 관련되어 있음을 항상 의식하고 있었고 그러한 원칙이 그의 선교 사역 방법론에는 녹아 있었던 것을 볼 수 있다. 그것은 바울이 예수님의 공생애 시작부터 사탄과의 싸움(눅 4:1-13)이 개입되어 있음을 알았기 때문일 것이다. 예수님의 사역은 하나님 나라를 세워 가시는 것이었는데 그것은 결국 사탄과의 싸움에서의 승리(눅 11:20)를 의미하는 것이었다. 그러한 선교의 영적 전쟁으로서의 개념은 역시 바울에게서도 계속되었다. 그의 그러한 사역이 유대인의 거짓 선지자 엘리마스 사건(행 13:6-12)이나 점치는 여인 사건(행 16:16), 바울의 옷만 닿아도 귀신들이 떠난 사건(행 19:11, 12), 유대인의 한 제사장 스케와의 일곱 아들들 사건(행 19:13-17)에서 잘 드러나고 있다. 바울은 아그립바 왕에게 자신의 간증을 하면서 자신의 사역을 "어둠에서 빛으로, 사탄의 권세에서 하나님께로 돌아오게 하는"(행 26:17, 18) 것으로 소개하기도 했다.

우리는 종족 문화 연구와 선교의 방법론 연구에서 "성육신적 모델"(incarnational model)을 절대로 간과할 수 없다. 사실 예수님의 사역 방법론의 핵심이 바로 그것이기 때문이다. 예수님께서는 인간의 구원 사역을 위해서 먼저 육신이 되셨고(요 1:14) 예수님께서 하나님을 보내신 것도 그리고 다시 예수님께서 자신의 제자들을 이 땅에 보내시는 것(요 20:21)도 그 모델을 주장하셨기 때문이다. 선교에서 성육신 모델은 "선교사의 정체성, 총체적인 사역, 해방, 상황화, 교회의 문화화와 그리스도의 삶을 보여줌에서 하나의 근본"[54]으로 논의해 왔다. 그래서 Ott와 Strauss는 성육신 모델을 다음과 같이 설명하고 있다.[55] 그는 성육신 모델이야말로 선교사의 정체성과 총체적인

---

54 John Cheong, "Reassessing John Stott's, David Hesselgrave's and Andreas Köstenberger's Views of the Incarnational Model," *Missionary Methods - Research, Reflections and Realities* (Pasadena, California: William Carey Library, 2013), 39.

55 Craig Ott & Stephen J. Strauss, *Encountering Theology of Mission: Biblical Foundations, Historical Developments and Contemporary Issues* (Grand

사역과 "상황화"[56]와 중재 사역에서 핵심적인 근거가 되고 있음을 강조하고 있다.

> 선교사는 문화적 정체성 측면에서 예수님께서 인간과 동일시되셨던 것처럼 그가 섬기는 사람들의 문화를 충분하게 채용해야 한다(고전 9:19-23; 빌 2:5-8; 히 4:15; 12:14, 15).
>
> 그것은 총체적인 사역 측면에서 복음을 말과 행동으로 살아내는 것이다. 해방 신학자들은 그것을 "단지 일반적 의미에서가 아니고, 그 사회의 가난하고 억압받고 변두리로 밀려난 사람과 특별히 동일시"[57]하는 것을 말한다.
>
> 그것은 상황화나 문화화 측면에서 "복음과 교회를 상황화"[58]하는 근거이다.
>
> 그것은 그리스도의 삶을 중재하는 측면에서 그가 섬기는 사람들에게 그리스도와 같이 되는 것이다(갈 2:20상; 고전 11:1, 2; 고후 4:10).

Rapids: Baker Academic, 2010), 117-123.

56 상황화는 그동안 "근대 선교사 운동의 보증 마크"로서의 역할을 해왔으며, 21세기에도 "생동력 있는 초문화적 선교사의 접근 방식"으로서 그 중요성이 계속되고 있다. 그것은 "언어의 문화적 상이함과 신념체계와 세계관이 그것을 요구"하고 있기 때문이다. Stan Guthrie, *Missions in the Third Millennium; 21 Key Trends for the 21st Century* (VA: Paternoster Press, 2000), 103.

57 Orlando Costas, *Christ Outside the Gate: Mission Beyond Christendom, Eugene* (Or: Wipf & Stock, 1982).

58 비판적인 상황화(critical contextualization)야말로 타문화권 복음전달 과정에서 교회나 복음의 내용에 흔하게 일어날 수 있는 혼합주의(syncretism)를 효과적으로 막는 방법이다. "타협할 수 없는 성경적 요소들을 보존하고 비성경적인 문화적 혹은 종교적 요소를 버리는 것"이 교회와 복음을 바르게 상황화할 수 있는 중요한 관건이다. Stan Guthrie, 105. 또한 "상황화된 토착교회는 문화적으로 적절한 복음화 방법으로 세워진다; 제자화 과정이 그곳 사람들에게 익숙하고 그들의 학습 전통의 일부인 가르침 방법을 사용하는 것이어야 한다." Sherwood Lingenfelter, *Transforming Culture - A Challenge for Christian Mission* (Grand Rapids Michigan: Baker Books, 1998), 13.

특별히, 이 성육신 모델이 갖는 의미는 요한의 설명에서 잘 드러나고 있다. 요한복음에서 "처럼"(καθώς)은 '그와 같이' 혹은 '같은 방법으로'로 번역할 수 있어 예수님을 "직접적으로 모방하는 것"이라기보다는 "유추적 관계성"[59]의 의미가 있다. 그러므로 이것은 하나의 표본(요 13:34)을 보여준다는 점에서 주님의 제자가 갖추어야 할 "한 모델"로 해석될 수 있을 것이다. 그렇다면 예수님께서 그의 제자들을 사랑하셨던 본에 따라서 그의 제자들은 서로를 사랑해야 하며, 더 나아가 하나님께서 예수님을 완전한 인간으로 이 세상에 보내셨던 것처럼 그의 제자들도 보내진 곳의 사람들과 그들의 문화에 동일시되어 사역하는 것이 마땅하다는 것이다.

그렇다면 그러한 문화 연구 방법론, 선교 방법론의 원칙 안에서 어떻게 문화 연구 방법론을 만들어 갈 수 있을 것인가?

종족 문화 연구 단계와 민속학적 연구

일반적인 종족 문화 연구 단계[60]

1단계 - 문제나 이슈에 집중

연구 시작 단계에서 "나는 무엇을 하려고 하는가"를 묻는 것이 현명할 것이다. 그러므로 그 연구를 하려는 이유를 간단하게 기술해 보는 것이 필요하다. 연구하는 동안 그 연구 이유 진술서를 거듭해서 읽음으로 연구 과정이 목적에 적합하게 진행되고 있는지를 살펴보는 것이 유익할 것이다.

2단계 - 문헌 연구

관심과 의도 요약 진술서가 마련되었다면 이용 가능한 문헌들을 점검하는 것이 현명할 것이다. 연구자는 다음과 질문들에 대해

---

59 Andreas J. Köstenberger, *The Mission of Jesus and the Disciples according to the Fourth Gospel* (Grand Rapids: Eerdmans, 1998), 186.

60 Stephen A. Grunlan & Marvin K. Mayers, *Cultural Anthropology,* 243-246.

고려해 볼 필요가 있다: "이 영역에 관해 연구한 다른 사람이 있는가?" "그들은 어떤 것을 발견했는가?" "새로운 프로젝트를 시작하려면 피해야 할 것이 무엇인가?" "나의 프로그램을 위해 내가 더할 수 있는 것은 무엇인가?"

3단계 - 가설/목적 설정

이것은 예비적인 가설을 세우는 단계이다. 이것은 관찰할 수 있고 확인할 수 있는 용어를 사용하는 것이 좋다. 이 단계에서 다음과 같은 질문들이 적절할 것이다: "나는 무엇을 시험하려고 하는가?" "내가 증명하거나 논증하려고 하는 것은 무엇인가?" "내가 무엇을 발견할 것으로 예견하고 있는가?"

4단계 - 실례들

이 단계에서 연구자는 연구하는 사람들에 관여하게 된다. 이 단계에서 적절한 질문들은, 누가 연구해야 하는가? 나는 무엇을 연구해야 하는가? 나는 어떻게 대표적인 예를 얻을 수 있을 것인가? 나는 몇 퍼센트의 사람들에게 집중할 필요가 있는가?

5단계 - 분석과 결론

수집된 자료들을 가지고 그 사람들과 문화에 대해 분석을 시작한다. 영역별 분석이 끝나면 그 사람들과 그들의 문화에 대한 결론을 얻을 수 있게 될 것이다. 민속학적 자료를 통해 그들의 문화를 가장 효과적인 방법의 하나는 Spradley가 제안한 방법이다. 그의 방법론은 Daniel Shaw가 요약하는 것처럼 "문화적 영역들(cultural domain)의 분석, 분류법상(taxonomic)의 분석, 구성요소(componential) 상의 분석, 주제(theme) 분석을 사용하여 관찰들과 질문들을 결합한 방법"[61]이라고 할 수 있다. 이러한 방법을 사용하면 그 문화가 가진 세계관의 구조와 내용을 분석할 수 있게 된다.

---

61 Daniel R. Shaw, *Transculturation*, 109-117.

민속학적 연구

"민속학지는 한 문화를 기술하는 작업이라고 할 수 있으며 그 것의 핵심 목표는 그 사람들 관점에서 삶에 대한 다른 방법을 이해하는 것"[62]이라고 할 수 있다. 그런 점에서 민속학적 연구야말로 사람을 연구하는 것이며 사람들로부터 배우는 것이라고 정의할 수 있을 것이다. 또한 우리가 민속학을 연구하는 핵심 중의 핵심은 우리가 다른 사람의 행동과 그들이 경험하는 사건의 의미에, 더 나아가 우리와는 다른 그들의 문화에 깊은 관심을 두는 것임도 기억해야 할 것이다.

민속학적 연구 순환[63]

사회 과학 연구 과정은 일반적으로 "연구 과제 규명, 가설 설정, 운영상의 정의 설정, 연구 도구 설계, 자료 수집, 자료 분석, 결론 작성, 결과 보고"[64]로 이어진다. 민속학적 연구도 그와 비슷하게 진행된다. 그 과정을 하나씩 살펴보게 되면 다음과 같은 것이 될 것이다.

민속학적 연구 문제를 규명

민속학적 연구는 연구 프로젝트를 선택함으로 시작된다. 민속학 연구자가 가장 먼저 고려해야 할 것은 그들의 조사 범위를 정하는 것이다. 연구 범위는 복잡한 사회의 문화를 기술하려는 거시적인 민속학부터 단 하나의 공동체 안에 있는 몇 개의 사회적 기관에 초점을 맞추는 미시적인 민속학의 연장선의 한 지점을 정할 수 있을 것이다. 그 조사 범위가 지나치게 넓다면 엄청

---

62 James P. Spradley, *Participant Observation* (Chicago: Holt, Rinehart and Winston, INC, 1980), 3.

63 James P. Spradley, *Participant Observation*, 26-36. 여기서 "민속학적 연구 단계(step)" 대신 "민속학적 연구 순환(cycle)"이라고 한 것은 이 과정이 한 번 지나가면 되돌아가지 못하는 선적인 개념이라기보다는 주기적으로 혹은 순환적으로 끊임없이 반복되는 과정이기 때문이다.

64 James P. Spradley, *Participant Observation*, 27.

난 시간이 걸리는 것은 말할 것도 없고 일정한 결과를 얻는 것이 쉽지 않을 것이다. 그런가 하면 너무 좁은 범위 설정은 합리적이고 신뢰성이 있는 결론을 얻기에 문제가 될 것이다.

민속학적 질문하기

민속학의 현장 작업은 민속학적 질문들을 질문함으로 시작된다. 그것은 인터뷰하게 되면 분명해진다. 질문자가 잊지 말아야 할 것은 가장 작은 관찰이나 현장 기록의 시작일지라도 그것이 질문을 끌어낼 수 있다는 사실이다. 일반적으로 연구자의 질문은 문화적 장면의 바깥으로부터 나오는 경향이 있다. 그리고 질문과 대답은 연구되고 있는 사회적 상황에서 발견되어야 한다. 모든 민속학은 폭넓은 묘사적 질문으로부터 시작된다고 할 수 있다. 그다음으로는 구조적 질문과 대조적 질문으로 나아가게 된다. 일반적으로 폭이 넓은 묘사적 질문과 그에 대한 답을 통해서 대조하거나 비교하는 것, 어떤 구조를 발견해 가는 방향으로 가는 것이 바람직할 것이다.

민속학적 자료 수집

민속학적 연구의 두 번째 주요 작업은 민속학적 자료를 수집하는 것이다. 이때 연구자는 참여 관찰(participant observation)을 통해서 사람들의 활동과 사회적 상황의 물리적인 특징과 장면의 부분처럼 느끼는 것을 관찰하게 될 것이다. 그다음에 연구자는 처음 자료를 기록하고 분석한 후에 자신의 연구 범위를 좁히고 집중된 관찰을 시작하게 될 것이다. 처음에 좀 더 광범위한 범위를 잡았다고 하더라도 이 과정에서 자신의 연구 방향과 내용에 더욱 중요하고 효과적인 범위를 찾아갈 수 있을 것이다.

민속학적 자료 기록

이 단계에서는 현장 기록, 사진 찍기, 지도 그리기, 관찰을 기록하는 다른 수단들(녹음기, 비디오, 스마트폰 등)을 사용하는 것을 모두 포함한다. 이러한 기록들이야말로 관찰과 분석 사이의 다리를 놓게 된다. 연구자의 분석 대부분이 자신이 기록한 것에 의존할 것이기 때문이다. 그런 점에서 되도록 많은 자료를 수집하고 기록하고 사진이나 비디오를 찍거나 녹음파일을 만들어 두는 것은 훗날에 큰 도움이 될 것이다.

민속학적 자료 분석

분석을 많은 양의 자료가 수집될 때까지 기다릴 필요가 없다. 민속학적 질문에서 분석은 하나의 질문 발견 과정이라고 할 수 있다. 민속학자는 참여 관찰에서 시작하여 질문 발견으로 쌓인 현장 자료를 분석하게 된다. 그러므로 참여 관찰과 현장 기록은 새로운 민속학적 질문들을 발견하고 더 많은 자료를 수집하고 더 많이 현장 기록을 하고 더 많이 분석하는, 자료 분석으로 이어지게 되는 것이다.

민속학적 기술

민속학적 연구의 마지막 단계는 그동안 수집하고 분석한 것을 기술하는 것이다. 그런데 그 기술 과정에서 새롭고 더 집중적인 분석이 있을 수 있다. 그것이 새롭고 더 많은 관찰로 인도할 수 있기 때문이다. 그런 점에서 민속학적 연구는 일련의 열린 결말 탐구라고 할 수 있다. 연구 방향을 잡아가는 끊임없는 피드백을 요구하는 것이다.

종족 문화 연구 방법론 소개

우리가 사회학적 연구를 위해서 어떤 이론이나 방법론을 선택해야 할 때 그 이론이나 방법론이 항상 한계가 있는 것임을 인정해야만 한다. 이에 대해 Kenneth Pike는 "하나의 이론(방법론)은 창문과 같아서 오로지 자료의 한 부분만을, 그리고 그때 한 방향에서만 볼 수 있게 한다. 하나의 이론은 하나의 특별한 방향에서만 보게 하므로 다른 유력한 관점에서 반드시 보아야 하는 실제의 자료나 특징에 대해서는 아무것도 말해주지 않을 수 있다."[65]고 지적한다. 그런 점에서 우리가 어떤 이론이나 방법론을 선택한다는 것은 다른 방향과 가능성을 포기하는 것이 될 수 있으며, 선택된 그 것들이 가진 가장 강력한 장점에 바로 취약점이 있을 수 있음을 명심해야 할 것이다.

타문화 사역자에게 종족 문화 연구 방법론은 매우 중요하다. 그들이 적절하고 올바른 전제와 방법을 선택하지 않는다면 그 사역자의 그 종족 문화에 대한 분석이 잘못될 수 있기 때문이다. 우리는 이에 대해 G.W. Peters의 말에 귀를 기울일 필요가 있다.

> 한 시대에, 한 지역에서 한 사람들에게 매우 효과적일 수 있는 한 방법론이 다른 시대, 다른 장소의 다른 사람들에게는 효과적이지 않을 수 있다. 사실상, 그것이 큰 불행을 초래하는 것이 아닐지라도, 유익하지 않음을 보여주는 것일 수 있다. 그러므로 한 방법론에 매인 운동은 효과적이면서 세계적인 운동은 될 수 없는 것이다. 또한 오래 지속될 수 있는 것도 아니다. 그것은 곧 시대에 뒤지고 낡은 것으로 밀려나게 될 것이다. 우리는 복음에 대해서는 새롭게 할 필요가 없다. 그러나 늙은 세대에게 복음을 지적이고 의미가 깊고 목적이 있는 방법으로 소통하기 위해서는 방법론의 끊임없는 갱신이 필요하다.[66]

그는 우리가 전해야 할 복음은 갱신이 필요 없는 영원한 것이지만 우리가 사용하게 될 문화 연구 방법이나 선교 방법은 어느 시대, 어느 지역, 어떤 사람들이든지 항상 적절한 것이 있을 수 없음을 강조하고 있다. 우리는 그런 점에서 타문화 연구 방법론

---

65 Kenneth L. Pike, *Linguistic Concepts - An Introduction to Tagmemics* (Lincoln and London: University of Nebraska Press, 1971), 6.

66 G. W. Peters, "Contemporary Parctices of Evangelism," *in Let the Earth Hear His Voice: International Congress on World Evangelism, Lausanne, Swithzerland*, ed. J. D. (Douglas, Minneapolis: World Wide, 1975), 181.

과 선교 방법론 사용에 있어서 겸손함과 신중함과 끊임없는 갱신의 노력을 유지해야만 하는 것이다.

그래서 J. D. Payne은 선교사의 방법론에 대해서 다음과 같은 질문을 끊임없이 던질 것을 제안하고 있다.[67]

우리의 방법론은 성경적 근거가 있는가?
우리의 방법론은 윤리적인가?
우리의 방법론은 건강하지 못한 실용주의나 온정주의를 회피하고 있는가?
우리의 방법론은 복음이 사람들과 연결되도록 해주는가?
우리의 방법론은 사람들에게 고도의 재생산을 만들어주고 있는가?
우리의 팀은 우리의 방법론 사용에 필요한 자원을 확보하고 있는가?

우리가 아무리 좋은 방법론을 가지고 있다고 하더라도 위의 질문들에 대해 바른 대답을 줄 수 없다면 우리는 이미 방법론에 대한 끊임없는 갱신에서 실패하고 있는지도 모른다.

한 종족이나 민족의 문화 연구는 서재에서만 할 수 있는 일이 아니다. 그래서 문화를 연구하는 학자들은 서재에서 기존의 문헌을 가지고 기본적인 연구를 할 수 있겠지만 제대로 된 연구를 위해서 그 문화권에 들어가 직접 그들과 함께 살면서 그들의 "문화를 직접 체험하고 그 의미를 규명하고 그 문화에 대한 총체적인 이해를 도모한다."[68] 이를 위해 문화를 연구하는 사람들은 다양한 연구 방법론을 사용하여 그들에 대해, 그리고 그들의 문화에 대한

---

67 J. D. Payne, "Introduction: Methodological Stewardship: Always Evaluating. Always Adjusting," xix.

68 H. Russell Bernard, *Research Methods in Anthropology* (Walnut Creek: Altamira, 1995), 136-137, 153-154.

정보를 수집하고 그것들을 분석하게 된다. 여기서는 그들이 사용하는 여러 방법론 중에서 대표적이고 개괄적인 방법론들을 간단하게 소개하려고 한다.

문화를 연구하는 일반적인 도구들

문화를 연구하는 일반적인 도구로는 네 가지를 들 수 있다. 그것은 문헌 조사, 참여 관찰, 비참여 관찰과 면담 조사이다.[69]

문헌 조사는 연구하려는 대상 사람들과 그들의 문화에 대한 모든 문헌적 자료들을 연구하는 방법을 말한다. 물론 이 방법은 그 문화권 안에서도 밖에서도 연구할 수 있다. 이러한 연구는 지역이나 대학의 도서관이나 특별한 전문 연구소, 국가나 공공 단체가 운영하는 종족 연구소에서 수행할 수 있으며 혹은 인터넷을 통해서도 연구할 수 있다.

참여 관찰(participant observation)은 인류학자들이 가장 선호하는 연구 방법론이다. 그 문화권에 사는 사람들에게 들어가 살면서 그들을 관찰하고 그들의 활동에 직접 참여하면서 그들과 그들의 문화를 연구하는 방법이다. 이 방법론은 그 문화권의 사람들과 그들의 문화에 대해 내부자 관점(insider's view, "emic view"[70])을 갖기 위해 노력하는 방법론이다. 필요하다면 설문지를 사용할 수 있다. 그러나 대상 문화권에 사는 사람들이 구전 문화권이라면 공식적인 설문지를 사용하는 것은 어려울 것이다.

비참여 관찰은 연구자가 그 문화 안에 들어가더라도 그 사회에 대해 외부자 관점(outsider's view, "etic view")에서 그 문화를 연구하

---

69 Stephen A. Grunlan & Marvin K. Mayers, *Cultural Anthropology*, 240-243.

70 이 용어는 언어학자요, 남미에서 성경번역 선교사였고 미국 텍사스 주립대학에서 가르쳤던 Kenneth Pike가 만든 용어이다. emic은 phon-emic에서 나왔으며 etic은 phon-etic에서 나왔다. Kenneth L. Pike, *Linguistic Concepts,* 87.

는 것이다. 연구자가 보고 듣는 것에 대해 객관성을 유지하기 위해 철저하게 외부자의 관점에서 관찰하고 해석하는 방법론이라고 할 수 있다.

면담 조사는 세 가지 형태로 진행될 수 있다.

첫째로, 조직화된 공식적 면담인데 이것은 설문지나 녹음기나 비디오를 활용한 귀납적 질문, 논증, 기호, 개인사, 필요, 희망 등을 물어서 통계를 내고 분석할 수 있다. 설문지를 사용하거나 면담을 할 때는 성별, 연령, 사회적 계층, 지역, 하부 사회 등을 포함하여 그 사람들과 사회와 문화에 대해 정밀 분석을 꾀할 수 있을 것이다.

둘째로, 비공식적 면담인데 피면담자에게 면담한다는 인상을 주지 않고 자연스럽게 대화를 유도함으로 그 사람이 깊은 이야기를 할 수 있도록 하는 방법이다. 면담자는 사전에 질문들을 철저하게 계획하고 준비해야 하며 다른 여러 사람과의 비공식적인 면담을 통해 얻은 자료의 정확성을 높일 수 있을 것이다.

셋째로, 투사 조사(projective survey) 방법인데, 이것은 심리학자들의 인간의 심성 조사 도구들을 사용하는 것이다. 로샤크 인성 검사(Rorschach Test)나 주제별 지각 검사(TAT, Thematic Apperception Test)나 인물 묘사 인성 검사(DAP, Draw-A-Person Test) 등이 사용될 수 있을 것이다. 이러한 방법이 그 문화권에 있는 사람들에 대한 심층 이해에 도움은 되겠지만 문화적인 차이나 세계관까지 파악하는 데에는 한계가 있을 수밖에 없다.

다양한 문화 연구 방법론의 분류

한 종족과 그들의 문화를 연구하는 일에 있어서 공시적 연구 방법은 그들의 과거의 역사나 근원에 관심을 두기보다는 그들의 현재의 문화 구조를 세밀히 분석하여 그들이 가진 세계관이 어떤 것이며 그것이 그들의 정신세계와 행동양식에 어떤 영향을 주고 있는지를 살펴보는 것이다. 더 나아가 어떤 문화 변혁의 조짐이 있는지도 알아보는 것이다.[71] 이러한 방법은 그들의 현재 상황과 환경을 이해하고 서술하는 일에 도움이 되겠지만, 이 방법론은 한문화가 그들의 역사 속에서 생겨나고 발전되어 왔고 다시 변혁되어 가는 것이기 때문에 그 근원과 흐름을 파악하는 데에는 한계를 가질 수밖에 없다.

그에 반해서 통시적 연구 방법은 연구 대상 문화의 역사와 시간적 변화에 더 깊은 관심을 두고 있는 방법론이다. 그 대상 "문화권이 과거에 어떤 역사적 배경 가운데서 형성되었으며, 그 지정학적인 위치와 그에 따른 생존의 과정과 문화 변혁의 과정을 연대기적으로 추적하여, 문화의 발전 과정을 이해"[72]해 가는 방법론이다. 이 방법론은 한 문화에 관한 역사적인 탐구를 통해서 현재의 문화가 어떻게 형성되어 왔는지 그리고 앞으로의 흐름을 어떻게 될 것인지를 예견하는 데에 장점이 있다. 그러나 공시적인 연구 방법론이 병행되지 않는다면 그들의 현재의 문화를 정확하게 파악하고 분석하는 일에 한계를 가질 수밖에 없을 것이다.

참여적 관찰 방법과 비참여 관찰 방법 그리고 비참여적 방법

참여적 관찰이 연구자가 연구하려는 문화권에 들어가 일정 기간 살면서 혹은 머물면서 그들과 이야기를 나누고 그들의 문화를 체험하고 그들의 행동을 분석하는 것이라면, 비참여적 관찰 방법은 참여할 수 있는 상황이 되지 못할 때 그 문화권에 들어가더라도 그들의 활동이나 문화적인 행동에는 직접 참여하지 않고 관찰만을 통해서 그 문화를 연구하는 방법을 말한다. 그런가 하면 비참여적 방법은 그 문화권에 들어가지 않고 "문화권 밖에서 그 문화를 객관적으로 연구하는 방법"[73]이라고 할 수 있다. 이러한 방법은 그 문화에 대한

---

71 Stephen A. Grunlan & Marvin K. Mayers, *Cultural Anthropology*, 236-237.

72 김성태, 『선교와 문화』 (서울: 도서출판 이레서원, 2003), 310.

73 김성태, 『선교와 문화』, 312.

영향을 받지 않으면서 현지 문화를 외부자로서 객관적으로 연구할 수 있는 장점이 있지만, 문화의 심층구조라고 할 수 있는 신념체계나 세계관을 파악하는 데에는 한계를 가질 수밖에 없을 것이다.

우리는 참여적 관찰에 관해서는 연구 대상 사람들이나 그들의 활동에 관여하는 정도에 따라 비참여, 수동적인 참여, 중간 참여, 적극적인 참여, 완전한 참여 등으로 나눌 수 있다.[74] 비참여가 연구 대상의 사람들이나 그들의 활동에 전혀 참여하지 않는 것이라면 완전한 참여는 연구자가 연구하는 상황에 대해 그가 이미 그 상황에 대해 보편적인 참여자가 되어 있을 때를 말한다. 중간 참여자는 그 문화에 대한 내부자와 외부자 사이, 참여와 관찰의 균형을 이루는 것으로 볼 수 있을 것이다.

문화를 연구하는 사람들은 오랫동안 참여 관찰 방법을 사용해 왔다. 그들이 연구하는 문화의 완전한 내부자가 될 수는 없을지라도 참여 관찰을 통해 내부자 관점을 어느 정도 가질 수 있고 그래서 그 문화에 대해 상당한 수준의 이해를 도모할 수 있기 때문이다. 그런데 오늘날에는 그 문화의 "내부자들의 협력을 얻어 조사를 시행하는 접근 방법이 사용되고 있다. 이러한 접근 방법의 목적은 정보를 갖춘 외부자의 통찰을 실재 내부자의 통찰과 효과적으로 융합하는 조사를 하려는데"[75] 있다.

통계학적 연구법

이 방법론은 사회학적 연구 방법론으로서, 다양한 사회학적 연구 조사 방법들을 문화 연구에 사용하는 방법이다. 설문지, 면담, 각종 사회 변동 요소들에 대한 수리적인 통계표를 작성"하는 것까지도 포함된다.[76]

---

74 James P. Spradley, *Participant Observation,* 58-62.

75 Charles H. Kraft, 『기독교 문화 인류학』, 932.

76 이에 대한 자세한 설명은 H. Russel Bernard, *Research Methods in*

문화 연구에서의 참여 관찰 방법론 고찰

일반적인 문화 연구나 민속학적 연구에서 참여 관찰 방법은 오랫동안 사용해 왔으며 전통적인 인류학적 현장 연구에서 보증 수표처럼 여겨져 왔다.

참여 관찰 방법론의 강점77

참여 관찰이라는 방법은 일반적으로 많은 강점이 있다. 그러한 이유로 지금도 많은 연구자에게 사랑을 받는 것이 분명하다. 이 방법론이 최대의 효과를 내기 위해서는 연구자가 "내부자 관점"에서 자료를 수집하고 분석해야 한다는 사실을 꼭 기억해야 할 것이다. 이 방법은 글을 모르거나 사용하지 않는 구전 문화권 사람들에 대한 문화 연구에서 유일한 길이다.

연구자는 항상 "그곳"에 있게 되고 사람들이 규칙에 따라 행동을 하거나 그것을 깨는 방법으로 사건을 준비하거나 그 후에 마무리하는 것을 계속해서 볼 수 있게 된다. 그 공동체의 삶에 몰입하게 되어 침입자나 낯선 사람이라는 인식에서 벗어나 공동체원들로부터 더 큰 신뢰와 용인을 얻을 수 있게 된다.

연구자는 그들의 안마당에 들어가게 되어 그에게 잘 알려지지 않은 상황보다는 사람들의 관습, 분석되지 않은 습관이나 관점을 식별할 수 있게 된다. 일어난 일에 대한 사람들의 설명보다는 직접적인 행동을 일차적으로 관찰할 수 있다. 현장에서 그들과 말을 주고받는 것은 일어난 일에 대해 그 사람들의 관점에서 그 의미를 이해할 방대한 기회가 주어진다.

참여 관찰 방법론의 약점78

Anthropology, 208-288을 참조할 것.

77 Thomas Barfield(editor), *The Dictionary of Anthropology* (Malden, Massachusetts: Blackwell Publishers Ltd., 2000), 348.

참여 관찰이라는 방법이 꼭 장점만 있는 것이 아니다. 이것도 하나의 방법론에 불과하므로 분명히 약점들을 가지고 있다. 그 모든 약점은 역시 그것이 가진 장점들과 관련이 있다. 연구에 많은 시간을 사용해야 한다. 때로는 시간을 별로 효과적으로 사용할 수 없다. 사람들을 찾아가서 질문을 하고 대답을 기록하고 그것을 정리하고 정리한 것을 분석하는 일에는 많은 시간이 소요될 수밖에 없다.

사람들은 캐묻기 좋아하는 연구자의 계속해서 묻고 물고 늘어지는 태도에 화를 낼 수 있다. 질문을 하는 사람은 호기심과 자료를 얻고 있다는 생각에 신이 나서 물을 수 있지만, 그에 대해 답을 해야 하는 사람에게는 고역이 될 수 있을 것이다. 어떨 때는 참여 관찰이라는 것에 대해 사람들에게 설명하는 것이 어려울 수 있다. 어떤 사람이 대상의 사람을 면밀하게 관찰하면서 그로부터 무엇을 배우는 것이 관찰을 당하는 사람에게는 마치 감시를 당하고 있다는 생각이 들기 때문에 기분이 나쁠 수도 있을 것이다.

연구자가 그곳에 있다는 사실이 조사하려는 행동에 영향을 끼칠 수 있다. 사람들은 다른 사람이 자신을 지켜보고 있다고 생각하게 되면 그의 태도와 행동에 영향을 받을 수밖에 없다. 이러한 사실은 아무 영향도 주지 않으면서 자연스러운 관찰을 할 수 있는 것이 사실상 불가능함을 보여주는 것이다.

참여 관찰이라는 것이 "연구자인 나는 거기에 있었고 나의 인식/판단은 정확하다!"라는 확신을 하게 만들 수 있다. 그러나 연구자들이 민속학지의 독자들에게 그러한 확신을 심어주는 것은 사실상 불가능하다는 사실을 기억해야 할 것이다.

참여 관찰 방법론의 문화 연구를 효과적으로 사용

78 Thomas Barfield(editor), *The Dictionary of Anthropology,* 348.

연구를 준비하고 시작하고 시행할 때 그 목적을 분명하게 해야 한다. 목적이 분명하다면 그 연구 결과를 사용하는 것도 분명해질 것이다. 그것은 하나님께서 창조하신 또 다른 그들을 이해하기 위한 것이다. 그들은 다른 사람들과 똑같이 하나님의 형상으로 창조된 사람들이며 하나님의 구원을 해야 하는 사람들임을 분명하게 해야 할 것이다. 그 모든 결과에 대해 그들도 우리와 똑같은 타락한 죄인이며 그들의 문화도 죄로 인해 오염된 것임을 잊어서는 아니 될 것이다.

그들에 관한 연구와 그 결과가 그들에 대해 모든 것을 말해주는 것이 아님도 분명하게 알아야 한다. 어쩌면 그들의 모든 것의 극히 일부를 알게 된 것임을 인정하게 얻은 결과의 한계성에 대해 겸손한 자세를 가져야 할 것이다. 연구를 통해 얻은 결과를 사용해서 그들을 돕기 위해 특히, 그들에게 복음을 가지고 접근하기 위해 나아가야 할 것이다. 연구를 위한 연구는 무용하며 자칫 잘못하면 주요한 목적을 잃게 되는 일이 생길 수 있기 때문이다.

4장
인도 '박디'(Bagdi) 종족 문화 연구

인도의 전체 인구는 13억 8천만 명이고 그중 54%에 해당하는 7억 4천만 명 정도가 힌두권에 속하며, 2,717 종족이 있다. 델리를 위시하여 북인도의 9개 주가 힌두권에 속한다. 힌두권 복음 전파에서 가장 큰 제약 중의 하나는 역시 카스트 제도라고 할 수 있는데, 하층 카스트에 속한 힌두들은 유일한 소망이 사후에는 높은 카스트로 다시 태어나는 것이다.[79] 그 외에 카슈미리와 펀자브 지역에는 556 종족, 중서부 구자리트 지역에는 683 종족, 카르타카와 고아 지역에 1,005 종족, 따밀어권과 말라이얄람어권에는 131 종족, 텔루구어와 오디아어 지경에 393 종족, 벵갈리, 아삼미스, 미조 아오, 카시, 니시 지역에 196 종족이 있다.[80]

벵갈리(웨스트 벵갈)는 인구가 9천 3백만이고, 주도는 콜카타이며 634개의 종족 집단이 살고 있다. 힌두교 72.5%, 이슬람 25.2%, 기독교 0.6%이다. 200여 년 전에 윌리암 캐리가 벵갈족 교회를 개척하고 성경 번역으로 사회 경제적 변화를 이룩하였으나 현재 그 유산은 거의 남아 있지 않다. 웨스트 뱅갈 지역에 복음을 듣지 못하고 사역이 시작되지 않은 종족만 해도 67개나 된다.[81] 그 지역에 사는 무슬림은 거의 2천만 명에 이르고 인구 100만 명이 넘는 힌두교 종족 집단이 20여 개나 된다. 그러한 67개의 미전도 종족 중 하나가 바로 불가촉천민 종족인 박디(Bagdi)족이다.

79 성남용(편저), 『365일 기도로 세계 품기 2021』, 95.
80 성남용(편저), 『365일 기도로 세계 품기 2021』, 96-101.
81 성남용(편자), 『365일 기도로 세계 품기 2021』, 101.

인도의 불가촉천민에 대한 이해

인도의 전반적인 사회를 제대로 파악하고 그곳에서 "불가촉천민"으로 사는 박디 종족 사람들의 삶의 정황과 그들이 일상과 종교 생활에서 겪고 있는 심각한 문제를 이해하는 것이 인도에서의 선교와 선교전략 수립에 무엇보다도 중요하다. 그렇지 않다면 그들에게 접근하여 복음을 제시하는 것은 물론이고 그들에게 어떠한 도움의 손길도 제대로 줄 수 없기 때문이다. 인도의 불가촉천민은 어떤 사람들이며, 그 사회에서 어떤 대접을 받고 있으며, 어떤 상황에서 어떤 모습으로 살아가고 있는지를 제대로 아는 것은, 불가촉천민 중의 하나인 박디 종족 사람들을 깊이 이해하고 그들에게 적절한 방법으로 접근하여 복음을 전하고 그들을 양육함으로 그들도 다른 부족들과 나라에 선교할 수 있게 하려면 무엇보다도 중요한 선행 연구 주제가 될 것이다.

인도의 불가촉천민은 어떤 사람들인가?

Mulk Raj Anand (1905-2004)는 그의 소설, 『불가촉천민』, *Untouchable*에서 "인간은 그들 사회의 궁극적인 소유자라고 믿고 있으며, 평등하고 진보적인 인디아를 추구하고 있다, 종교, 관습, 전통이라는 이름으로 행해지는 사회적인 악이 사라진 인도를 그가 만들어낸 '바카'(Bakha, 그 소설의 주인공)는 전 세계 '달리트'(Dalit)[82]들의 보편적인 외침, 특히 인도에서 지위가 낮은 사람들의 정체성 위기를 대표한다. 바카는 단지 인도의 식민 지배와 인종적 환경에서의 한 인간의 모습이 아니다; 그것이야말로 항상 열등감에 시달리고 있는 달리트들의 비명을 구현한 것"[83]이라고 보았다. 그러니까 아난드의

82 인도의 초대 법무부 장관이었던 빔라오 람지 암베드카르가 인도의 최하위 계급에 속한 사람들을 위한 명칭으로 고안한 힌디어이다. 그것의 문자적 의미는 '가난하고 억압받는 사람'이다.

83 Sadia Afrin, "Bakha's Identity Dilemma in Mulk Raj Anand's Untouchable: An Exploration of Dalit Psychology," *Asiatic, vol. 16, No. 1* (June 2022), 150-1.

소설의 주인공 바카는 독립 이전 인디아의 모든 타락한 사람을 상징한다. 그는 억압, 부정, 굴욕의 끝자락에 있는 보편적인 인물로서 인도의 달리트들의 낮은 사회적 지위 때문에 그들이 겪어야 하는 온갖 종류의 고난과 굴욕을 상징한다고 할 수 있을 것이다.

대부분 사람은 "인도"하면 가장 먼저 자연스럽게 떠오르는 단어 중 하나는 아마도 "카스트 제도"(Caste System)일 것이다. "인도 사회의 전통적 위계질서를 규정해온 카스트 제도는 아리안족이 토착민들을 정복해 나가는 과정에서 생겨난 독특한 계급 제도로서 소속 카스트에 의해 개인의 신분, 직업 등 사회적 위치가 결정된다."[84] 처음에는 그것이 사회적으로 그렇게 엄격하게 적용되는 것은 아니었지만, 오랜 역사적 흐름과 더불어 다른 카스트와는 결혼이 허용되지 않는 규율과 같은 많은 금기를 가진 사회규범들이 추가되어 굳어져 가면서 점점 더 엄격한 카스트가 되었다. 그래서 인도인들은 자기가 속한 카스트의 행위규범을 반드시 준수해야만 하는 상황에까지 이르게 된 것이다. 그러한 사회적 규범 중에서 한 예를 든다면, 브라만 계급의 사람들은 해가 지거나 뜰 때 반드시 기도해야 하고, 경전을 외워야 한다는 것과 같은 것들이다. 이러한 계급 제도와 사회규범은 인도 사회를 어느 정도 안정시키고 서로 다른 사람들을 결속시키는 데 도움이 되었을 수도 있었다. 하지만 전체적으로는 인권을 침해하고 사회를 정체시킴으로 인해 사회 전체가 활력을 잃게 만드는 부정적 영향이 훨씬 컸다고 볼 수 있다.

오늘날 이 제도는 국내법상으로는 폐지되어 있으나, 현실적으로는 결혼, 교육, 직업 선택 등 개인의 전반적 사회활동을 제약하는 주요한 요인이라고 할 수 있다.[85] 이 제도는 직업에 따라 사람을 크게 브라만(Brahmins, 성직자), 크샤트리아(Khsatriyas, 귀족, 무사), 바이샤

---

84 『인도 사회 문화』 주인도 한국 대사관 작성, 2021년 2월 18일 작성.

85 『2016년 인도를 이해하는 25가지 키워드』 Global Market Report 16-012, 코트라 발행.

(Vaishyas, 상인), 수드라(Shudras, 천민)라는 네 개의 신분으로 구분하는데, 그 외에도 어떤 계층에도 포함되지 못한 이들도 있다. 그들이 바로 "불가촉천민"(Untouchable)이라고 불리는 사람들이다. 다른 나라 사람들이 볼 때는 그들의 엄격한 계급 구조와 참담한 삶의 형편이 처음에는 잘 드러나지 않을 수 있지만, 인도에서 사는 사람들은 누구나 자신들이 속한 "카스트에 따라 자신의 역할이 정해지고 자신들이 어디에 살아야 하는지를 알게 된다."[86]고 할 수 있다.

따라서 불가촉천민은 인도의 신분제인 와르나(Varna) 카스트 제도에 들어가지도 못하는 제도 외의 계급인 것이다. 이는 산스크리트어 "찬달라"(Chandala)를 번역한 한자어로써, 찬달라는 '부정 타는 자', '닿으면 안 되는 (미천한) 것'이라는 뜻을 담고 있다. 따라서 사실상 그 단어 사용이 금기시되고 있는 단어라고 할 수 있다.[87]

오늘날에는 빔라오 람지 암베드카르 초대 법무부 장관이 고안한 힌디어 "달리트"[88](dalit, '억압받는 자') 혹은 마하트마 간디가 제안한 "하리잔"(harizan, '신의 아들')이라 불리고 있다. 물론 이것은 일종의 사회 정의, 인권 운동 및 정치적 정의에 따라 차별을 줄이고자 새롭게 만들어진 것이다. 하지만 때에 따라서는 조롱을 위한 단어로 사용되기도 한다.

이 사람들은 타밀어로는 "파라이야르"(Paraiyar)라고도 불리는데, 이 "파라이야르"에서 나온 "파리아"(pariah)라는 단어가 유럽권에서도 자주 사용된다. 막스 베버의 천민자본주의(pariah capitalism)라는 용어

86 Sujatha Gidla, *Ants among Elephants - An Untouchable Family and the Making of Modern India* (New York: Farrar, Strus and Giroux, 2017), 4.

87 https://namu.wiki.

88 "역사적으로 달리트는 인디아 사회에서 가장 낮은 사회적 위치에 있었고, 그들은 일반적으로 힌두의 사회적 생활에서도 차별을 당하고 금지를 당해왔다." Abdul Majid, "Low Caste in India(Untouchables)", *A Research Journal of South Asian Studies vol. 29, No.1* (July 2014), 7.

가 여기서 유래하기도 했다. 인도에서 법률적으로는 "등록 카스트"(registered caste) 또는 "지정 카스트"(scheduled caste)라는 이름으로 복지와 공공 부조의 대상이 되고 있기도 하다.[89]

하지만 안타깝게도 달리트는 3,500년 동안 카스트 제도하에서 인간 이하의 대접을 받아온 것이 엄연한 사실이다. "달리트라는 단어의 문자적 의미는 가난하고 억압받는 사람이지만 그것은 지정 카스트뿐만 아니라 부족, 여성, 속박된 노동자, 소수자 등도 포함하고 있다."[90] 인도에서는 법적으로는 카스트에 따른 차별이 금지되어 있지만, 실질적으로는 차별과 편견이 여전히 존재하는 것이 현실이다. 인도 전체 인구 14.1억(2022년) 인구 가운데 25%인 3억 명 정도가 불가촉천민 혹은 불가촉 부족민에 속하는 것으로 추정되고 있다.[91]

불가촉천민은 인도 사회에서 그 처우가 별로 좋지 않은 수드라 계급과 구분되지 않을 수도 있겠지만 사실은 그와는 전혀 다른 계급에 속하는 사람들이다. 그래도 수드라는 그나마 힌두교 4계급 내에 포함되어 있지만, 달리트 계급은 아예 계급 외의 불경한 존재로 취급받고 있기 때문이다. 그들의 신체 일부라도 닿아서도 안 되며, 그들의 상위 카스트에 말을 걸어서도 안 되는 계층이기 때문이다. 그들은 실제로 "마을 안에 사는 것도 허용되지 않으며 사원에 들어갈 수도 없다."[92] 그런 점에서 그들은 같은 사회에 살고 있지만, 전혀 다른 삶을 살아가고 있는 사람들로 보아야 할 것이다.

인도의 불가촉천민이 갖는 심각한 문제점

카스트 계급 내에서 이들이 받는 "부정(不淨)함"의 취급은 가

89 https://namu.wiki.

90 Abdul Majid, "Low Caste in India(Untouchables," 12.

91 『2016년 인도를 이해하는 25가지 키워드』 (Global Market Report 16-012, 코트라 발행).

92 Sujatha Gidla, *Ants among Elephants,* 4.

히 상상을 초월한다고 할 수 있다. 인도사람들에게 있어서 그들은 마치 전염병과도 같아서 그들에게 닿기만 해도 모두 부정해진다고 그들은 믿고 있다. 따라서 이들은 주로 인도 사회에서 멸시받는 "대대로 세습되는 직업"[93]인 - 소고기 도축, 시체 처리, 가죽수리, 길거리 청소, 구식 화장실 변 처리, 정화조의 오물 처리, 농장에서 거름 내기 등을 도맡아 하는 소작농 내지는 가난한 노동자, 잡일을 하는 노예로 취급받는 집단으로, 멸시와 편견 속에서 사는 것은 말할 것도 없고, 종교적, 문화적, 사회적 차별을 받고 있다. 그래서 그들은 매우 빈곤한 삶을 살아가고 있다. 과거에는 그들이 단지 경전을 보았다는 이유만으로 그들의 눈을 뽑았고, 경전을 말하면 혀를 뽑았으며, 경전에 닿은 신체 부위를 잘라버리는 것과 같은 학대가 비일비재하게 일어났었고, 지금까지도 상류 카스트 중 일부 사람들은 이 계층 사람들을 상대로 차별과 테러를 자행하는 범죄행위가 심심치 않게 일어나고 있다.

카스트 제도는 인도에서 더는 법적으로는 존재하지 않지만, 인도 내에서는 일종의 관습처럼 남아있다고 할 수 있다. 인도의 50~60대 사람들은 본인들의 자녀가 같은 카스트를 가진 배우자를 만나기를 갈망하기 때문에, 다른 카스트를 연인으로 만나 헤어질 수밖에 없는 젊은 인도 연인들을 종종 만나볼 수 있다. 왜냐하면 인도에서는 종교와 카스트가 다르다면 축복을 받으며 결혼하는 것이 거의 불가능하기 때문이다.[94]

세계의 다른 지역에도 그 사회에서 무시를 당하고 멸시를 당하여 격리되는 천민 집단 개념이 없는 것은 아니다. 그러나 인도의 불가촉천민처럼 닿기만 해도 더러워진다고 생각하는 수준의

---

93 Sujatha Gidla, *Ants among Elephants,* 4.

94 "Practice disease distancing?
how India can use corona crisis to kill its caste virus."
https://theprint.in/opinion/practice-disease-distancing-india-corona-crisis-kill-caste-virus.

차별은 생각보다 드물다고 할 수 있다. 인도에서는 불가촉천민과 접촉하게 되면 단순히 더러워지는 게 아니라 카스트 계급이 강등된다고 여긴다. 21세기에 들어서 세계 대부분 국가에서 신분제가 거의 폐지된 상황임에도 불구하고, 인도에서 힌두 극우주의자들은 이러한 차별의 근거를 힌두교의 가르침에서 찾으려고 한다. 인도에서의 불가촉천민 문제를 포함한 카스트 제도는 기본적으로 피부색에 기반한 인종차별로 시작되었다. 하지만, 브라만교와 힌두교가 오랜 세월에 걸쳐 이러한 불합리한 제도를 체계화하고 정당화해왔기 때문에 이 문제 해결은 절대로 간단하지도, 쉽지도 않은 일이 되었고, 고질적인 문제가 되어버렸다.[95]

물론 인도에서 수천수만의 계급이 존재하는 카스트 제도답게 이들보다 더 아래 계급도 존재한다. 이들은 불가시천민(不可視賤民), 즉 쳐다보기만 해도 부정해지는 천민으로 불리지만 그래도 불가촉천민이 훨씬 더 많이 알려졌고 더 유명하다. 심지어 이 불가시천민들은 다른 카스트 사람들이 자신을 쳐다보는 것을 방지하기 위해서 항상 방울과 같이 소리가 나는 물건을 몸에 붙이고 다녀야 한다. 그래서 불가촉천민들조차도 불가시천민들을 더 낮은 존재라고 여기며 차별적으로 대한다. 그것은 또 다른 아이러니가 아닐 수 없다. 그런 점에서 불가시천민들의 상황도 매우 심각하지만, 불가시천민들의 문제는 불가촉천민에 대한 문제에 밀려서 아예 제대로 공론화되지도 못하고 있는 형편이다.

카스트 제도의 문제 해결을 위한 인도 정부의 노력

영국이 지배하던 인도 제국 시절부터 인도 정부는 카스트를 없애기 위해 불가촉천민 계급 사람들에게 일부 특혜를 준 적이 있었다. 그것은 인도의 사회적 개혁을 위한 조처라기보다는 영국의 인도 통치에 카스트가 걸림돌이 되었기 때문이었다. 또한 동

95 https://namu.wiki.

시에 그런 정책을 통해서 불가촉천민을 포함한 하층민들을 친영(親英)파로 포섭하기 위함이었다고 할 수 있다.

현재 인도 정부는 인도 전체 인구의 52%에 해당하는 국민(바이샤 이하)을 위해 공무원 자리를 일정 부분 하층민에게 할당하는 쿼터제도를 시행하고 있다. 인도에서도 공무원은 매우 인기 높은 일자리인 데다가 지금까지 그 일자리를 극소수의 상위 계급이 독점해왔다. 하지만 하층민이 공무원의 일정 부분을 차지하게 되면 사회 불평등 개선과 사회 통합에 도움이 될 것이라고 보기 때문이다. 그전까지는 상위 계급들이 공무원직을 주로 점유하고 있었기 때문에 공무원들에 대한 대우가 좋았었다. 그러나 이 개혁정책 때문에 그전까지 공무원직 독점으로 이익을 보았던 특권 계급의 불만이 심해진 것도 사실이다. 인도에서 카스트는 이미 법적으로는 인정하지 않는 제도이기 때문에 공무원이 시험을 통해 성적순으로 뽑히는 것은 당연하다고 할 수 있을 것이다.

그러나 과거의 신분이 현재의 경제적 신분을 결정하는 것이 일반적일 뿐만 아니라, 사회 전반에 만연하는 이미 고착된 신분의식 때문에 하위 계급이 공무원 시험을 치를 여건도 가질 수 없는 것이 다반사이다. 과외를 받는 부유층 자녀와 막노동하는 부모 밑에서 같이 막노동하는 자녀가 시험으로 경쟁하는 것이 공정할 수 없는 것이 현실이다. 그래서 상위 계급과 하급 계급의 인구 비율은 1대 9라고 하는데, 공무원 합격자 비율은 상위 계급과 하위 계급이 9대 1이 될 수밖에 없는 것이다. 인도 정부는 억지로라도 신분을 좀 섞어놓기 위해 여러 가지 노력을 하고 있다. 하지만 그 효과는 생각처럼 두드러지게 나타나지 못하는 실정이다.

인도 정부는 불가촉천민의 권익향상을 위해 공공기관 일자리와 대학 입학 정원의 22.5%를 불가촉천민을 위해 할당하고 있다.[96] 또한 인도 하원 의석의 약 15.5%(543석 중 84석) 정도가 불가촉천민이 속한 등록된 카스트(Scheduled Castes) 전용 의석으로 할당되어 있다. 인도 하원은 완전 소선거구 다수득표제로써, 일부 지역구에서는 등록 카스트 이외 유권자의 출마가 불가능하도록 규정되어 있다.[97]

하층민의 차별이 심한 인도 사회에서는 정말 드물지만, 사회적으로 성공한 이들도 있긴 하다. 대표적인 인물은 성자로 추앙받는 베다 시인 티루발루바르, 달리트 해방 운동의 선구자인 레타말라이 스리니바산과 아이얀칼리, 빔라오 람지 암베드카르 초대 법무부 장관, 코체릴 나라야난 제10대 대통령 및 람 나트 코빈드 제14대 대통령, 『신도 버린 사람들』의 저자 나렌드라 자다브, 인도 사상 첫 여성 국회의장인 메이라 쿠마르 등이 있다.[98] 그러나 그들은 하층민 출신에서 성공한 극히 드문 경우이며, 대다수 사람은 그러한 성공을 꿈조차 꿀 수 없는 상황에 놓여 있다고 보아야 할 것이다.

인도 정부의 그러한 노력이 만든 역차별 문제

인도 정부의 이러한 적극적인 정책은 오랜 불평등을 바로잡기 위해서는 유용한 제도이지만, 때로는 역차별 논란뿐만 아니라 소수자, 약자 계층 사이의 분열을 일으키기도 한다. 물론 상당수의 역차별 거론은 기득권을 놓기 싫은 의도가 있거나 혹은 의도치 않더라도 소수자, 약자의 핍박받던 현실을 이해하지 못한다는 주장이 있기도 하다. 하지만 역차별이 일어나는 경우도 분명하게 발견되고 있다. 무엇보다 문제는 소수자, 약자 사이에서도 인도 정부의 이러한 적극적인 정책이나 시행에 관련해서 차별 논란이 재차 불거지고 갈등과 분열이 여전히 발생한다는 것이다.

인도에서는 옛날 상위 계급 출신들이 자신의 신분을 거부당하게 되면, 오히려 짐이 되어버린 옛 계급 대신 차라리 불가촉천민의 계

---

96 『2016년 인도를 이해하는 25가지 키워드』,

97 https://namu.wiki.

98 https://namu.wiki.

급을 요구하는 일도 일어난다. 샌드위치 신세라고 할 수 있는 바이샤 계급인 구자르인은 데모와 유혈 폭동을 거쳐 불가촉천민의 계급을 받기도 했었다. 인도의 정치인들은 인도 전체 인구의 15~6%대에 달하는 불가촉천민들의 표심을 잃는 것이 무서워 역차별 해결 정책을 세우는 것을 힘들어하는 상황이다.

역차별 문제는 계속 거론되고 있지만, 그렇다고 하위 카스트 사람들에 대한 제도적, 사회적 차별이 없어지지도 않고 그들에게 제대로 된 혜택도 주어지지 않는 것이 문제이다. 대도시에서 직장을 구할 때나 공무원 시험을 볼 때는 그런 차별이 없고 오히려 하위 카스트가 가산점을 받기도 하지만, 아직도 시골 지역에서는 불가촉천민은 여전히 멸시와 가혹행위의 대상이 되기도 한다. 불가촉천민 아이가 성적이 좋다고 해서 범죄의 표적이 된다든지, 브라만 중 일부 극단적인 사람들이 밤에 불가촉천민들을 사냥하러 다닌다든지, 불가촉천민 학생은 갖은 수를 써서 명문학교에 진학하지 못하도록 지역 유지가 개입해서 성적을 조작하거나 훼방을 놓는 일과 같은 일들이 여전히 벌어지고 있다. 아무리 노력해도 불가촉천민에 대한 차별 없어지지 않고 있다는 불평과 그렇다고 해서 역차별이라고 하면서 그들에게 혜택을 안 주는 것은 시기상조가 아니냐는 목소리가 동시에 나오고 있다.[99]

인도에서 카스트 제도가 없어지기 어려운 이유

Mahatma Gandhi는 청소 직업의 성격을 바꾸어 사회에서의 "불가촉천민성"에 대한 근본적인 해결을 원했었다.[100] 그러나 그것마저도 쉬운 것이 아니었다. 카스트는 인도 사회에서 너무나 복합적이고 뿌리 깊은 종교와 제도와 정신으로 이미 강하게 고착되어 있기 때문이다.

---

99 https://namu.wiki.

100 Sadia Afrin, "Bakha's Identity Dilemma in Mulk Raj Anand's Untouchable: An Exploration of Dalit Psychology," 154.

카스트는 인도 역사상 단 한 번도 국가의 법으로 성문화된 적 없는 계급 제도이다. 그것은 사회적 법안으로 생긴 계급이 아니라 종교적인 신분이기 때문이다. 많은 사람이 언론에 보도된 카스트 제도로 인한 사건 기사만 보고서 인도에 아직도 카스트 제도가 있다고 생각하지만, 인도에서도 법적으로는 브라만이니 불가촉천민이니 하는 카스트는 없는 것이다. 전근대에도 그래었고, 현대의 인도 공화국 역시 단 한 번도 카스트 제도를 인정한 적이 없다. 오히려 역설적으로 인도 헌법이 '카스트를 갖고 차별하는 것을 금지'하는 것을 처음으로 천명하면서 카스트 제도가 인도의 법에 처음으로 등장했다. 그러므로 카스트 제도 때문에 불가촉천민을 위한 쿼터제도를 만든다는 게 논리적으로 따지고 본다면 매우 이상한 일, 즉 법과 사회 대중의 인식이 괴리되어 있어서 일어난 어처구니없는 일인 것이다.

현대 인도에서 카스트는 어디까지나 사회 구성원들의 인식에만 남아 있는 계급 제도다. 카스트는 서류나 공문서에 있는 게 아니라서 아예 사람들 사고방식을 바꾸기 전에는 완전히 없앨 수 없다. 그러므로 인도의 카스트 문제를 개혁하려는 시도는 현실적으로 매우 어려운 문제라고 할 수 있다. 그것은 카스트가 힌두교 교리의 일부로서 체계화되었을 뿐만 아니라 인도 사회의 근대화 과정에서 그들의 정신세계에 뿌리 깊게 새겨진 보이지 않는 제도이기 때문이다.

인도인들의 성명(姓名)은 카스트와 연계되어 있다. 인도에서는 법적인 본명을 들으면 그 사람이 어느 지역 출신인지, 계급이 뭔지 바로 알 수 있다. 남자는 싱(Singh), 여자는 카우르(Kaur)로 성을 통일해버리는 시크교 역시 이러한 카스트를 타파하기 위해서 만든 고육책으로 볼 수 있다. 보통의 인도인은 “성”씨를 통해 서로가 대략 어떤 카스트에 속하는지를 알 수 있다. 특히 서비스업(세탁, 청소 등) 종사자들의 카스트는 직업이 세습되는 경우가 많아서 더 쉽게 분별해 낼 수 있다. 그래서 다른 종교로 개종하고 카스트를 버리려는 사람들은 아예 성씨와 함께 이름까지 바꾸게 되는 경우가 많다. 따라서 카스트가 금전적인 여유로움이나 사회적인 위치와 직결되는 것이 아님에도 불구하고, 사람들의 삶 속에 이처럼 깊은 문화로 뿌리박혀 있다고 할 수 있다.[101]

또한 외모도 카스트와 상관관계가 깊다. 인도에서는 브라만, 크샤트리아 같은 상위 카스트와 수드라, 불가촉천민 같은 하위 카스트를 외모로 대강 가려낼 수 있다. 브라만이나 크샤트리아 같은 상위 카스트는 모든 사람이 그런 것은 아니지만, 평균적으로 키가 더 크고 하얀 피부에 이목구비가 남유럽인(그리스인, 라틴인 등), 이란인(페르시아인), 터키인, 아랍인에 가까운 데 비해서, 불가촉천민은 특히 이목구비가 확연하게 차이가 나기 때문에 금방 알아볼 수 있게 된다. 인도에선 다른 카스트끼리는 부정 탄다고 서로 닿는 것조차 금기시하다 보니 섞이는 것을 극도로 꺼려 통혼도 끼리끼리만 했고, 그렇게 세월이 흘러 인도인의 유전자풀이 형성되었기 때문에 아리아 계열과 드라비다-문다인 원주민이라는 인종적 특징으로 갈리는 카스트 계급 자체가 고착될 수밖에 없었다.[102]

불가촉천민의 적지 않은 수가 힌두교 사회의 차별을 피해서 기독교, 불교, 이슬람교 등으로 개종했지만, 계급 간 다른 성명, 사용하는 어휘나 외모로 출신 계급을 파악할 수 있다. 따라서 힌두교 사회의 특성상 그들의 처우는 타 종교로 개종한 이후에도 크게 달라지지 않는 경우가 흔하다. 심지어 인도의 기독교 사회와 이슬람교 사회 내에서도 그들의 출신 배경이 매우 중요한 요소로 작용하기도 한다. 예를 들어, 이슬람 국가인 파키스탄에 사는 불가촉천민들은 파키스탄 무슬림이 천하다고 여긴다. 그들이 꺼리는 악기 연주를 그들의

101 "Practice disease distancing? https://theprint.in/opinion/practice-disease-distancing-india-corona-crisis-kill-caste-virus.

102 https://namu.wiki.

생계 수단으로 삼고 있다고 생각한다. 인도 문화권에서 불가촉천민에 대한 차별을 이어온 역사가 비 힌두교도들조차도 그 영향에서 벗어날 수 없을 정도로 지대한 영향을 끼치고 있다.

결국 현재의 불가촉천민 문제는 단순히 과거의 종교적 악습인 카스트 제도 하나에서만 기인한 것이 아니라, 결국 정치적, 경제적 불평등에서 기인한 것이고, 이를 해결하고 인도 국민이 평등하게 되는 길은 역시 그러한 불평등을 평등으로 만들어나가는 길 밖에는 없을 것이다. 경제가 급속하게 성장하지만, 현재 인도의 빈부 격차는 생각보다 심각하다. 그리고 과거의 카스트 계급이 현재의 자본가와 노동자, 부자와 빈자로 여전히 유지되고 있다. 물론 제아무리 카스트가 브라만, 크샤트리아 계급 출신이었다 해도 몰락해서 가난한 노동자가 되면 대자본가로 성공한 극소수의 불가촉천민 아래에서 그들의 지배를 받아야 하는 것이 현대의 자본주의 계급 사회다. 그래서인지 인도에서 불가촉천민을 대변하는 정치 세력은 단순히 카스트의 이익만을 대변하는 세력도 있지만, 좌파적 성향을 띄거나 좌파와 연대하는 경우가 적지 않다. 잘 알려지지 않았지만, 인도는 좌파, 공산주의 정당의 활동이 상당히 활발한 곳이다.[103]

이제는 온 세계가 ICT(Information Communication Technology)의 강력한 지배와 영향을 받는 사회가 되었다. 인도 또한 예외가 아니다. 그래서 혹자들은 그러한 사회에서는 철저한 계급과 차별이 지배하는 인도 사회가 바뀔 수 있지 않겠는가 낙관하기도 한다. 물론 인도와 같은 사회에서도 ICT의 발전과 함께 그 변화의 조짐이 발견되기도 한다. 인도사람들, 특히 달리트들이 핸드폰을 사용하게 되자 인도사람들 사이에서 카스트의 차별이 그 전보다는 줄어들었다고 볼 수 있는 부분도 있으며, "그들이 ICT를 소유하고 인터넷을 사용하고 핸드폰을 사용함에 따라 전보다 더

103 https://namu.wiki.

많이 정치에 참여하고, 질이 높은 교육과 건강 관리 및 다른 근본적인 사회 경제적 변화가 일어나기도 했다."[104]는 보고도 있다.

그러나 인도의 "카스트 기반의 배타성이 사실상 그 ICT의 발달로 인해 더 심화된 측면도 있다. 이미 형성된 카스트를 기반으로 만들어진 사회적 자본이 디지털 공간에서조차 매우 배타적이고 폐쇄적인 그들만의 사회 네트워크를 형성하고 있기 때문이다."[105] ICT가 이미 가진 사람과 그렇지 못한 사람의 차이를 좁히기보다는 그 격차를 더 심화시키는 결과를 가져오게 되었다는 것이다.

하지만 결국 인도를 포함한 인간 사회는 ICT의 발달로 인해 전보다 더 긴밀하고 빈번한 인간 상호 간의 소통이 계속해서 일어나게 될 것이고, 돈이 중심이 되는 자본주의와 모든 사람이 동등하다고 주장하는 민주주의 사회에서 직업의 귀천 의식이 조금씩 변화되어 가고 있고, 인도사람들 또한 전 세계로 나가서 다른 나라 사람들과 섞여 함께 살다 보면, 느리고 더디지만 결국은 시대의 변화와 함께 언젠가는 사라질 수 있는 것 또한 카스트라고 할 수 있을 것이다.

Sujatha Gidla는 인도의 Andhra Pradesh에서 불가촉천민으로 태어났고, 그 지역에서 물리학을 공부했고 지금은 미국의 뉴욕에서 지하철 기관사로 일하고 있는 여성이다. 그녀는 *Ants among Elephants – An Untouchable Family and the Making of Modern India*라는 책을 썼다. 그녀는 그 책에서 자신이 인도에서 불가촉천민으로 태어나 그곳에서 자랐고 그곳에서 교육을 받았지만, 아무도 자신에게 그녀가 "불가촉천민"이라고 말해주지 않았다고 했다. 그러나 자신은 "기독교인, 불

104 Anant Kamath, "'Untouchable' cellphones? Old caste exclusions and new digital divides in peri-urban Bangalore," *Critical Asian Studies 2018, vol. 50, No. 3*, 390.

105 Anant Kamath, "'Untouchable' cellphones? Old caste exclusions and new digital divides in peri-urban Bangalore," 378.

가촉인"이었다고 고백하면서 인도에 사는 모든 기독교인은 "불가촉인"이라고 했다.[106] 그녀는 이 세상에 가난한 사람이 없는 사회가 오기를 기대하고 있으며, 자신의 삼촌이 가졌던 생각 - 카스트 제도를 무너뜨려야 한다는 - 에 동의하지만, 그녀의 삼촌이 공산주의자가 되었기 때문에 급진적인 방법으로 사회를 전복시켜야 한다는 계획이나 전술 - 에 대해서는 동의할 수 없다고 말했다.[107]

그런 점에서 인도에 현재 사는 한 개 한 개 부족씩 복음화를 시킬 때 인도 전체 사회를 변화시킬 수 있다. 기독교만이 인도의 카스트를, 세상의 모든 불평등을 척결해 나갈 수 있는 유일한 길이라고 사료한다. 왜냐하면 기독교가 모든 사람을 자신의 형상에 따라 평등하게 지으시고 서로를 존중하며 살도록 하신 분이 바로 창조주이신 그 하나님을 인정하고 그분을 믿고 그분의 말씀에 순종하는 유일한 종교이기 때문이다. 그리고 그리스도인이야말로 사탄이나 귀신이나 이 세상의 어떤 존재도 감히 손댈 수 없는(untouchable) 하나님의 백성(God's people)이기 때문이다.

박디 종족 문화 연구 방법

문화 연구 방법론 적용과 목적

본 연구에 사용된 방법론은 민속학적 연구 방법론을 적용한 "확장된 배경 연구"(EBS: Expanded Background Study)라는 포괄적인 설문지를 사용한 것이다. 이 방법론은 오지에 들어가 성경을 번역하는 사역자들이 성경 번역을 시작하기 전에 그들이 들어간 지역의 문화를 먼저 연구함으로 효과적인 사역을 수행할 수 있게 하려고 만들어진 것이다. 특히, 이 설문지는 위클립성경번역선교회(WBT)의 인도네시아 지부가 1996년에 만든 것이지만 타문화권 다른 사역자들의 종족 연구에도 아주 유용한 도구가 될 수 있

106 Sujatha Gidla, *Ants among Elephants,* 5.
107 Sujatha Gidla, *Ants among Elephants,* 305.

을 것으로 생각한다.

특히, EBS는 사역자의 타문화권 삶과 사역에도 도움을 줄 수 있는 도구이다. 이 방법론의 목표는 일차적으로 그들의 문화 안에서 함께 생활하면서 그 사람들과 의미 있는 관계를 발전시킬 수 있을 정도로 그들의 문화를 충분히 이해하도록 도와주는 것이다. 또한 그곳 사람들을 위한 다양한 프로그램을 개발하는 데에도 필요한 배경지식을 제공한다. 이것은 그곳 사람들과 그들이 속해 있는 사회에 대한 다양한 자료를 수집하고 그들의 문해력을 조사할 수 있도록 설계되었으며, 그 연구자에게 문해력 향상과 지역사회 개발 프로그램을 준비할 수 있도록 지역 문화에 대한 충분한 지식과 인식을 갖추도록 만들어졌다.

또한 이 배경 연구는 무엇보다도 종족 그룹에 대한 포괄적인 이해를 끌어낼 뿐만 아니라, 지역사회 개발 프로그램 시작에 필요한 충분한 문화 지식을 제공하도록 설계되었다. 그래서 연구 및 조사 대상은 그곳 사람들, 그리고 그들의 연구에 필요한 모든 문화적 영역을 포함하고 있다. 또한 더 나아가 문화적 변혁을 시도하기 전에 반드시 파악해야 하는 그 사회 구조에 관한 연구도 다루고 있다.

그래서 이 방법론을 사용하게 될 때 민속지학 기술 방법론의 하나로써 배경 연구에 포함된 문화적 관찰과 기록이야말로 민속지학 기술의 좋은 시작이 될 수 있을 것이다. 그곳 사람들을 위한 성경 번역은 말할 것도 없고 그들을 위한 효과적인 선교전략 수립에도 필수적인 그들의 신념과 세계관 연구를 포함하고 있어서 타문화권 사역자에게 매우 유용한 방법론이 될 것이다.

본 연구는 이 방법론을 현지 사역자가 직접 현지인들을 대상으로 사용함으로 그들의 지역과 문화, 그리고 사람들에 대해 심도 있는 연구가 이뤄지도록 했고, 더 나아가 그 얻은 정보를 통해 그들에게 접합한 교회 개척과 제자 양육과 선교전략을 수립할 수 있도록 했다.

이 방법론의 윤리적 원칙

타문화권에 들어가 그곳에 사는 사람들을 조사하고 연구하는 사람들에게는 모든 인류의 존엄성을 지키기 위한 최소한의 윤리적 원칙이 필요하다. 1971년에 미국 인류학 협의회(Council of the American Anthropological Association)는 민속학자들이 자신의 업무를 영예롭게 수행할 수 있도록 책임 원칙을 채택했다.[108] 그것은 James P. Spradley의 책 *Participant Observation*에서 잘 설명되고 있는데 여기에 인용하면 다음과 같다.[109]

> 인류학자들은 자신이 연구하는 사람들 혹은 그들의 연구 상황과 밀접한 개인적 관계를 맺으면서 세계 곳곳에서 일하고 있다. 따라서 그들의 직업적 상황은 독특하며 다양하고 복잡하다. 그들은 자신의 연구 분야들, 동료들, 학생들, 후원자들, 다루는 주제들, 주관하는 정부나 단체들, 현장 조사를 수행하는 개인이나 그룹들, 그들이 일하는 국가의 사람들이나 이익 집단들 등과 관련을 맺고 있다. 또한 그들의 연구는 인간의 일반적인 복지에 영향을 미치는 과정과 문제에 관한 연구들과도 관련되어 있다.
> 그래서 그러한 복잡한 참여 분야들에서 오해나 갈등이 있을 수 있고, 서로 충돌하는 가치 중에서 하나를 선택해야 할 때 윤리적 딜레마에 빠지기도 한다. 그러므로 인류학자들은 그것들을 예상하고 그들이 함께 연구하는 사람들이나 다른 공동체들의 필요를 충족시켜줄 수 없는 영역에서 피해를 주지 않도록 그 문제 해결을 위해 사전에 계획하는 것이야말로 인류학자의 주된 책임이 될 것이다. 그런 점에서 인류학자는 다른 사람들에게 피해가 갈 수 있

---

108 그 원칙은 그 인류학 협의회가 "*Principles of Professional Responsibility*"라는 이름으로 만든 것이다.

109 James P. Spradley, *Participant Observation*, 20.

는 특정한 연구를 하지 않는 것이 바람직하다.

그런가 하면 그들이 정한 규칙에는 만약에 연구 대상인 개인과 연구자들의 이해에 상충이 일어난다면 어디에 우선권을 두어야 하는지도 규정하고 있다.[110]

> 인류학자들의 연구에서 그들이 최고의 책임성을 가져야 하는 대상은 바로 그들이 연구하는 사람들이다. 이해관계에 상충이 일어난다면 그들이 연구하는 그 사람들에게 최우선권이 주어져야 한다. 그러므로 인류학자들은 그 연구 대상 사람들의 육체적, 사회적, 심리적 복지를 보호하고 그들의 존엄성과 사생활을 존중하기 위해 연구자들이 가진 능력 범위 안에서 모든 것을 해야 한다.

연구의 대상과 지역에 대한 개관

현지 출신 사역자인 Debabrata Ghorai(31세)와 Gopal Khelar(44세)가 Bagdi 종족이 사는 다섯 개 마을에 돌아다니며 조사했다. 그들은 현재 인도 현지 목회자들로서 현지인들을 위한 사역을 해왔으며, 2009년부터 필자와 함께 미전도 종족 사역을 함께 해왔던 사람들이다. 그들이 조사했던 마을들과 피조사자 숫자는 Bihari Polli(15명), Biswanathpur(20명), Ramganga(10명), Ranirbheri(20명), Shibnagar(19명)이며 총 84명을 만나 설문지를 통해 그곳 상황과 그들의 삶에 대해 EBS를 통해 조사했다.

조사 지역 중의 하나는 Ranirbheri인데 그 마을 사람 중에서 20명이 설문에 응했다. 그 마을에 대해 좀 더 자세한 상황을 기술해 보면 다음과 같다. 이 마을은 인도의 12개 주 중에서 인도 중부에 있는 Polba Dadpur Block에 속해 있는데, 적어도 1,500년의

110 James P. Spradley, *Participant Observation*, 21.

역사를 가지고 있고, Kedarmoti 제방을 중심으로 형성된 마을이며, 337가구에 3천여 명의 사람들이 살고 있다. 물론 그곳에는 Bagdi 종족뿐만 아니라 다른 종족들(예를 들어, Brahmin, Mahisya and also Santali 등)도 살고 있다. 하지만 Bagdi 종족이 2,637명으로 주민의 다수를 이루고 있다. 이 마을의 북쪽 경계 지역에는 인구가 8천명이 넘는 Ali Nagar라 불리는 큰 무슬림 마을이 위치하고 있다. 그곳에는 작은 시장도 있고 제법 큰 도로가 있는데 그 도로를 따라가면 인구가 약 1천 9백명 정도인 Bihari Poli 마을에 이르게 된다. 그리고 Rainirbheri 마을의 남쪽 경계에는 Maheswarbati라 불리는 인구 3천명 이상인 마을이 위치하고 있다.

상층민인 브라민(Brahmin)이나 마히샤(Mahisya)와 같은 사람들은 두르가(Durga), 시바(Siva), 칼리(Kali), 크리쉬나(Krishna) 등과 같은 신들을 섬긴다. 이 지역에는 6개의 힌두사원이 있으나 모스크나 교회는 없으며 기독교의 소규모 공동체마저도 전무하다.

그들은 모두 벵갈어(Bengali)를 사용할 수 있지만 그들의 교육수준은 매우 낮으며, 8% 정도의 사람들만 읽고 쓸 수 있는 것으로 추정된다. 이 지역에 중고등학교는 없고 한 개의 초등학교가 있을 뿐이다. 교육과 일자리 보급이 시급한 상황이라고 할 수 있다. 그 지역에는 20Km 반경 안에 병원조차 없는 형편이며, 마을의 도로는 폭이 1.8m도 되지 않기 때문에 자동차나 마차가 마을 안까지 들어갈 수 없을 정도여서 자전거가 주로 이용되고 있다. 마을에는 세 개의 호수가 있으며 그중의 하나는 제법 큰 호수이다. 마을 사람들은 그 호수에서 목욕은 할 수 있지만 정작 마실 물은 부족하여 큰 어려움을 겪고 있다.

그들은 대부분이 경작을 통해 살고 있으며, 일부 젊은이들을 작은 비즈니스를 운영하거나 부잣집에서 일을 하기도 한다. 이 마을이 강의 양쪽 제방을 끼고 동서 4Km 정도의 지역에 형성되었기 때문에 일부 사람들이 어업에 종사하기도 하지만 그 규모는 열악하다. 이 동네에서 제방과 거리가 떨어져 있는 남쪽과 북쪽에 사는 사람들은 경작에 종사하고 있다.

조사 지역 중 다른 마을은 Bihari Polli인데 이 마을도 인도의 12개 주 중에서 인도 중부에 있는 Polba Dadpur Block에 속해 있으며 그 마을에서는 15명의 사람이 설문에 응해 주었다. 이곳에 사는 Bagdi 종족 사람들은 인도 역사에 따르면 적어도 500년 전쯤에 외부에서 그곳으로 들어와 살게 된 원주민이며, 그곳에는 드라비다인(Dravidian)이 살고 있었다. 그 당시에는 왕이 다스리던 시절이었는데, Bagdi 종족은 전사들 앞에서 왕을 위해 싸우는 사람들이었다. 그들은 천민 계급이어서 아무도 칼을 다루는 법을 가르쳐 주지 않았기 때문에 많은 사람이 전쟁에서 전사했다.

영국이 인도에 들어온 후에는 지주들이 여러 지역에서 인도인들을 통치했다. 그 당시에 지주들은 평민들을 혹독한 세금 등으로 억압했기 때문에 많은 Bagdi 종족 사람들은 살기 위해 스스로 도둑이 되어 삶을 영위했다. 그들에게는 교육의 기회가 주어지지 않았기 때문에 발전에 대해 어떤 기대도 할 수 없는 상황이었다. 현재 Bagdi 종족 사람들은 경작하거나 청소부, 작은 기업에서 노동자로 일하며 살고 있다.

인도 정부는 Bagdi 종족 사람들에 대해서 거의 아무것도 해주지 못하고 있다. 10학년까지 공부한 사람이 전체 인구 중 15%에 불과하며, 2%의 사람들만이 대학을 졸업할 수 있다. 초등학교를 졸업한 거의의 학생은 돈이 없어서 중고등학교에 진학할 수 없는 형편이다. 그래서 대부분 사람은 경작을 통해 삶을 영위하거나 아주 작은 규모의 장사에 종사하며 살고 있다. 작은 채소 가게, 옷 가게 등을 운영하거나 작은 기업의 노동자나 집을 지키는 사람으로 살아가고 있을 뿐이다.

연구 방법

그 조사자들이 사용했던 설문지는 상기했듯이 EBS(Expanded Background Study)를 사용하여 장시간에 걸쳐서 질의와 응답 형식으로 설문지에 답을 했으며 그 조사자들이 보내온 EBS를 필자가 주제별로 분석했다.

연구의 성과와 한계

본 연구는 EBS(Expanded Background Study)를 사용하여 Bagdi 종족 사람들이 거주하고 있는 여러 지역의 여러 사람을 방문하여 그들에 대한 인터뷰를 통해 시행되었기 때문에 비교적 광범위한 자료를 바탕으로 진행되었다. 그러나 이 연구는 모든 Bagdi 종족을 대상으로 하거나 그들의 모든 거주 지역을 대상으로 한 것이 아니며, 연구자가 그들과 함께 살면서 그들과 많은 시간을 함께 보낸 것이 아니기 때문에 자료와 자료 분석에 제한점을 가질 수밖에 없을 것이다.

다만 이 연구를 현지에서 직접 도왔던 현지 사역자들은 그 지역에서 가까운 곳에서 살면서 그 종족을 대상으로 사역하는 사람들이었다. 따라서 그들이 EBS를 통해서 얻은 정보는 비교적 정확하고 포괄적인 내용을 포함하고 있다. 그 부분에서 분석 또한 높은 신뢰도를 가질 수 있을 것으로 보인다.

박디 종족 문화 연구 결과[111]

문화는 아주 넓고 포괄적인 개념으로서 여러 개의 하부 체제를 가지고 있다. 우리는 여기서 다섯 개의 근본적인 질문에 답을 낼 수 있는 하부구조를 생각해 볼 수 있다. 그것은 다른 말로 한

111 종족 문화 연구의 결과를 다루는 영역들에 대해서는 『선교지역연구보고서』 제3권 2호 2008년 가을(통권 제5호), (포항: 한동대 국제지역연구소)의 것을 참조했음을 밝힌다.

다면 그들의 세계관이 어떻게 구성되어 있느냐를 보여주는 것이라고 할 수 있다. 그것들은 "우리는 어떻게 생존하고 있는가?, 우리는 누구이며 어디에서 왔는가?, 우리는 다른 사람을 어떻게 대하는가?, 우리는 다른 사람의 행동을 어떻게 통제하는가?, 우리는 초자연적인 것에 대해 어떻게 대응하는가?"[112]라는 질문들과 관련되어 있다. 그렇다면 그것들은 경제, 혈연관계, 사회 구조, 정치 제도, 종교 등이 그러한 하부 체제를 형성한다고 할 수 있다.

또한 우리가 한 종족의 문화를 연구할 때 신경 써야 할 것이 있다면 "문화 개념"(concept of culture)과 "사회적 상황 개념"(concept of social situation)에는 근본적인 차이가 있음을 알아야 한다는 것이다. "사회적 상황이 한 특정한 위치(장소)에 있는 사람들이 수행하는 행동이나 활동의 흐름"에 관련된 것이라면, "문화는 그 곳 사람들이 배워왔고 창조해 온 행동, 인공물, 지식의 패턴"[113]에 관한 것이다. 그러므로 우리가 한 문화를 연구한다는 것은 민속학적 데이터를 통해 그 구성원들의 행동이나 활동의 흐름에서 드러나고 있는 패턴을 분석하는 것이라고 할 수 있을 것이다.

일반 개관

Bagdi족은 힌두교의 중요한 전사 카스트였다. "박디"(Bagdi)라는 단어는 그들의 전사적 지위를 나타내는 "Bagdi"라는 단어에서 유래되었다. 그들의 군 복무에 대한 보답으로 Bagdi 종족에게는 경작할 땅을 주었다. 그러나 식민지 동안 Bagdi 종족은 영국이 지역 군대를 해산하면서 거의 모든 땅을 잃었다. 일부 Bagdi 종족은 식민지 군대에 입대했고, 다른 이들은 어부, 뱃사공, 땅이 없는 농업 노동자가 되었다. Bagdi 종족 카스트의 구성원은 인도는 물론이고 방글라데시에서도 발견되고 있다.

---

112 Daniel R. Shaw & Charles E. Van Engen, *Communicating God's Word in a Complex World,* 135.

113 James P. Spradley, *Participant Observation,* 86.

인도 역사에 의하면, Bagdi 종족 사람들은 오래전부터 인도에 살아왔던 원주민이다. 그들은 드라비다인의 후손으로 알려져 있으며 왕정 시대에 왕을 위해 싸우는 군인들이었다. 그러나 그들은 전문적인 훈련을 받지 못한 사람들이 대부분이어서 많은 사람이 전장에서 죽어나갔다. 영국이 인도를 점령한 후에는 영국군의 협력했던 지주들은 노동력을 착취하고 높은 세금으로 인해 많은 Bagdi 종족 사람들은 삶을 위해 스스로 도둑이 되어 살았다. 그들에게는 교육의 기회가 주어지지 않았기 때문에 계속 하층민으로 살 수밖에 없었다.

인도 정부는 독립된 후에도 하층민에 속하는 그들을 위해 많은 일을 해주지 못했다. 재정적인 문제로 2%의 사람들만이 중등과정을 마치고 고등학교에 진학하고 있으며 학교를 마치지 못한 사람들은 땅을 경작하거나 작은 규모의 구멍가게, 채소가게, 옷가게 등을 운영함으로 생계를 유지하고 있는 형편이다. 극소수의 사람들이 작은 회사의 사원으로 일하거나 부잣집의 청소부 등으로 일하고 있다.

Bagdi 종족의 대다수는 웨스트 벵골에 살고 있으며 주로 벵골어를 사용한다. 방글라데시에도 소규모의 Bagdi 종족이 살고 있다. 다행히도 벵골어로는 완전한 성경을 포함하여 많은 기독교 자원의 이용이 가능하다. 그러나 불행하게도 많은 Bagdi 사람들은 문맹이다. 따라서 그들에게는 복음이 그림이나 사진이나 비디오 등과 같은 시각적인 방법이나 이야기 형태의 구술적인 방법으로만 공유될 수 있다는 점이다.

Bagdi 종족의 전체 인구는 278만 정도이고, 그들은 주로 뱅갈어를 사용하며, 그들의 종교는 99.86%가 힌두교이며 현재 기독교인은 0.09%에 불과하다. 마을마다 차이를 보이고 있지만, 연구자들이 방문하여 인터뷰했던 마을 사람들의 문맹 상황은 대체로 70%가 글을 아는 사람들로, 20%가 글을 부분적으로 읽을 수 있고, 10%의 사람들이 문맹으로 되어 있으며, 남자들은 77%가 글을 알고, 여자들은

68%가 글을 읽을 수 있다고 보고되고 있으나, 실제로 현장에 가서 살펴보면 그보다 훨씬 높은 문맹률을 보이는 것이 사실이다. 특히, 인터뷰에 응하지 못했던 동네의 나이 든 사람들은 거의 다 문맹이기 때문일 것이다.[114]

사회 분야

Lingenfelter는 Thomson, Ellis, Wildavsky 등의 이론을 받아서 인간 사회의 구조 유형을 그룹성과 조직성에 따라 다섯 가지로 분류한 바 있다. 그것은 그룹성이 강한 협력적 계급사회와 집단적인 평등사회, 그룹성이 약한 관료주의적 권위주의 사회와 개인주의적 개인 사회로 나누는 것이고, 조직성이 강한 관료주의적 권위주의 사회와 협력적 계급사회, 조직성이 약한 개인주의적 개인 사회와 집단적인 평등사회로 나누는 것이다. 그리고 이 네 가지 유형에 속하지 않는 은둔 자치 사회가 있을 수 있다고 보았다.[115] Bagdi 종족 사람들은 전통적으로 그룹성이 강한 협력적 계급사회에 속하면서 동시에 계급 안에서의 평등사회에 속한다고 볼 수 있다. 왜냐하면 그들은 그들의 전체 사회에서는 그 사회가 만든 계급사회의 최하층민에 속하지만, 그들 안에서는 서로 평등한 집단 사회를 구성하는 특징을 가지고 있기 때문이다.

인도 사회의 중요한 변화는 근대화가 이뤄지는 많은 나라에서 일어나고 있고 많은 사람이 예측하는 것처럼 "도시화 현상의 가속화"가 일어나고 있다는 점이다. 새로운 도시 그리스도인들은 지난 시대보다 훨씬 더 강력한 사회적 영향력을 갖게 될 것이다.[116] 이러한 사실은 그리스도인들도 그에 따른 준비를 해야 한다는 것이다.

---

114 바로 이 점 때문에 앞에서 기술한 Bagdi 종족의 일반적인 문맹률과 연구자들의 평가 문맹률이 큰 차이를 보인다.

115 Sherwood Lingenfelter, *Transforming Culture - A Challenge for Christian Mission* (Grand Rapids, Michigan: Baker Books, 1998), 30-34.

116 Ralph Winter, 임윤택 역, 『랄프 윈터의 비서구 선교운동사』 (서울: 예수전도단, 2012), 181.

그러한 사회적 변화는 Bagdi 종족의 그리스도인들에게도 눈앞에 다가왔기 때문이다.

Bagdi 종족 남자들은 비교적 힘든 일을 감당하며 여자들은 가벼운 일을 하는 것이 보통이다. 하지만 남자들은 가족 중 나이 든 사람들이나 아이들을 돌보지는 않는다. 그 일은 전적으로 여자들이 해야 하는 일로 되어 있기 때문이다. 일반적으로 필요시에는 가족의 모든 사람이 함께 일하는 것이다. Bagdi 종족 사람들의 가족에서의 이와 같은 질서는 사회 구조에도 깊은 영향을 끼치고 있다.

Bagdi 종족 사람들은 오랫동안 하층 계급으로 살아와서 대체적으로 자존감이 낮다. 그러한 삶은 하층적인 삶에서 벗어나기를 원하는 사람들에게는 세습되어 온 계급사회에서 벗어나 신분 상승이 이뤄지기 위해서는 교육이 얼마나 중요한지를 깨닫게 했다. 대부분 사람은 현재의 삶을 자신들의 자녀에게는 물려주는 것을 원치 않고 있다. 그래서 그들 스스로는 교육을 많이 받은 사람들, 물질적으로 풍요로운 사람들, 사회적으로 높은 지위에 있는 사람들을 존경하며 그들의 자녀들이 그러한 자리에 올라가기 위해서는 교육이 유일한 길이라는 사실도 잘 알고 있다. 그들은 대체로 좋은 음식, 좋은 거처, 좋은 교육이 충족되길 그들의 소망으로 삼고 있다.

요즘 들어 Bagdi 종족 사람들에게도 큰 변화의 조짐이 일어나고 있다. 그들의 생계를 위해, 아이들의 교육을 위해, 더 나은 삶을 위해 도시화는 가속되고 있고, 도시의 빈곤 문제와 열악한 주거 문제, 도시의 범죄 문제는 점점 더 심각해진다. Bagdi 종족 사람들의 선교를 위해 고민하는 사람들은 그러한 도시화에 맞추어 그들을 위한 사역을 전개해야 할 것이다. 빈민촌에 사는 Bagdi 종족 사람들을 위한 구제와 나눔과 보금자리 사역이나 좀 더 나은 상태의 공동체 생활을 준비할 수도 있을 것이다.

그러나 Bagdi 종족 사람들을 위한 사역자는 다른 사실도 반드시 알아야 한다. 사회는 급속도로 변하지만, 그들 마음의 심층구조에는 여전히 오랫동안 살아왔던 사회적 환경과 다른 사람들의 평가와 낮은 자존감이 남아 있다는 사실이다. 그들의 이중적인 생각을 이해하지 못한다면 그들을 위한 복음적 접근에서 성공이 쉽지 않을 것이다.

경제 분야

세계 2위의 인구 대국인 인도는 빠르게 발전하고 있는 농경산업 국가라고 할 수 있다. 13억에 달하는 인구와 광활한 영토를 가진 국가로서 무한한 잠재성을 가진 나라이기도 하다. 또한 1991년에 대외에 경제를 개방하면서 매년 6% 이상의 경제성장을 이루어 온 나라이기도 하다. 국가 정책은 우주 계획의 형성, 산업화 및 농지 개조 등에 중점을 두고 있다. 그런 점에서 인도의 산업은 거대한 현대식 공장부터 고대로부터 내려오는 전통 수공예품에 이르기까지 다양한 생산 유형을 포함하고 있다고 볼 수 있다.

산업 발달의 빠른 속도와 함께, 농업이 여전히 우위를 차지하고 있다. 전체 고용된 5억 2천만 명 중에서 절반 이상이 농업 부문에서 일하고 있음을 보아도 알 수 있다. 나머지는 서비스 부문, 엔지니어링, 자동차, 가전제품 제조에 관여하고 있다. 그런 점에서 인도의 경제 및 지리적 위치는 경제 발전에 유리하며 국가는 경제 발전에 결국 성공할 수 있으리라 여겨진다.

그러나 인도 전체 경제 상황과는 달리 하층 계급에 속한 종족 사람들은 계속 어려운 상황에 놓여 있는 것이 사실이다. 인도 정부도 여러 가지 면에서 하급 계급에 속한 사람들을 돕기 위해 노력을 하고 있지만 그러한 그들의 노력은 아직도 하층민 대부분에게는 제대로 미치지 못하고 있는 것이 사실이다. 불가촉천민으로 취급되는 Bagdi 종족 사람들은 여전히 좋은 직업과 좋은 주거를 누릴 수 있는 삶과는 거리가 있어 보인다. 그들은 극소수를 제외하고는 대부분이 막노동이나 소규모 농사나 지주 계급 사람들의 소농, 혹은 작은 구멍가게, 청소업 등에 종사하고 있다. 그들의 대부분은 빈민 생활을 하고 있다.

Bagdi 종족 사람들의 경우에 그들의 연 소득이 4만 루피(미화 520 달러, 월 5만 2천원 정도)면 성공한 사람이라고 생각하고 있다. 다른 선진 국가와 직접적인 비교는 불가능하지만 아주 낮은 수입인 것은 부인할 수 없다. 그들의 대부분 사람은 그러한 수입을 얻지 못하고 있기에 그 정도의 수입이 그들의 꿈이 되고 있다.

Bagdi 종족 사람들은 많은 공부, 좋은 직업, 많은 재산을 가진 사람을 부자라고 생각한다. 그러한 사람만 보다 나은 삶을 살 수 있다고 믿기 때문이다. 현금, 땅, 집을 부자가 되기 위한 수단이라고 생각한다. 부자들은 그들의 사회에서 가장 큰 이점을 소유하게 된다고 믿고 있다. 경제 문제에 있어서 어떤 종교를 가졌느냐는 중요하지 않다. 그러나 바른 시민이라면 그리고 그가 부자라면 다른 사람을 도와야 한다고 생각한다. 도울 수 있는 데도 돕지 않는다면, 그는 그들의 사회에서 결국 외톨이가 될 것이다.

Bagdi 종족 사람들은 그들의 수입을 그 사람의 교육과 연결하고 있다. 대부분의 수입이 좋은 사람들이 높은 교육을 통해서 좋은 직업을 얻으므로 가능하기 때문이다. 결국 그들의 경제생활은 그들이 받아 누릴 수 있는 교육 환경과 직결되어 있다. 그들이 존경하는 사람 중의 하나가 자립적인 경제를 누릴 수 있는 사람인 것만 보아도 알 수 있다.

Bagdi 종족 사람들을 제대로 이해하기 위해서는 그들이 처해 있는 경제적인 상황을 먼저 이해해야 한다. 그들의 열악한 경제적인 삶이 그들의 빈약한 교육을 가져왔고 그래서 그들은 좋은 직장을 얻을 수 없고 삶에 필요한 돈을 구할 수 없게 되어 그들의 하층민으로 삶은 대를 이어 계속되고 있다.

일반 생활 분야

Bagdi 종족 사람들은 어른이 아이들을 가르치고 아이들은 어른들의 지도를 받으며 어른을 존경하는 의미로 어른의 발을 접촉하는 관습을 갖고 있다. 현대화에 많은 옛 전통들이 사라져 가고 있지만, 시골에서는 여전히 그 흔적들을 발견할 수 있는데 그것은 젊은이들의 어른을 공경하는 풍습이다.

보통은 3-12세에 해당하는 남자아이들은 아버지로부터, 그리고 여자아이들은 어머니로부터 사회적인 생활에 대한 안내를 받는 것이 보통이다. 부모들은 자녀들에게 사회 삶에 필요한 여러 기술을 가르치려는 자세를 가지고 있으나, 요즘 들어 젊은이들은 그러한 전통적인 답습에서 벗어나려는 강한 욕구를 품고 있다.

Bagdi 종족 사람들은 아이들이 부모에게 순종하고 사회적으로 악을 저지르지 않는 사람을 바른 사람, 착한 사람이라고 믿는다. 그리고 그러한 아이들로 자라는 데 중요한 역할을 하는 사람이 바로 교사와 부모라고 생각한다. 그러므로 그들의 사회에서 존경과 사랑을 한 몸에 받는 사람은 부모와 교사라고 할 수 있다. 사회적으로 나이 든 사람은 존경을 받아야 하며 아이들에게도 본보기가 되어야 한다고 믿는다.

그러므로 그들의 사회에서 조직의 바탕을 이루고 있는 질서는 나이와 사회적 지위에 의한 것이다. 현재에 와서 인도의 젊은이나 Bagdi 종족의 젊은 층의 사람들이 서구사회나 일반적인 선진 국가들처럼 급박한 변화와 혼란을 겪고 있는 것이 사실이지만 그들의 마음속 깊이 담고 있는 나이에 의한, 경험에 의한, 사회적 지위에 의한 질서 의식이 여전히 남아 있음도 기억해야 할 것이다.

Bagdi 종족이 일상적인 삶에서 가장 중시하는 덕목은 "인간성"이라고 믿고 있다. 그리고 열심히 사는 사람, 자기 일에 충실한 사람을 존중한다. 사람의 인간다움은 다른 사람이 어려울 때 그를 돕고 그들에게 선행을 베푸는 일이라고 생각한다. 그들은 선한 사람과 악한 사람을 구분하는 덕목을 정직과 선행으로 생각한다. 그래서 선한 사람은 그들의 사회에서 인정을 받으며 그가 죽은 후에도 사람들이 그들의 선을 치하하게 된다. 악한 사람은 그들의 말투와 어른들을 대하는 태도, 옷차림에서 드러난다고 믿고 있다. 그래서 그러한 사람은 다른 사람들이 그들을 회피하며, 반드시 그에 상응하는 나쁜 일이 생기게 되어 있다고 믿는다. 선한 사람이 될 수 있는 가장 확실한 방법은 다른 사람을 돕는 일이라고 생각한다. 다른 사람이 어려움에 부닥칠 때 그를 도우며 다른 사람에게 너그러운 사람은 그들의 사회에서 선한 사람으로 인정을 받게 된다.

사회적으로 악한 사람은 그들이 좋은 가르침을 받고 착한 사람들과 함께 섞여 삶으로 그러한 악행에서 벗어날 수 있다고 믿는다. 그런 점에서 그들은 아이들을 어른들을 존경하고 진실을 말하며 부모를 공경하는 법을 가르침으로 그들의 아이들이 선한 사람의 길을 갈 수 있다고 믿고 있다. 따라서 그들에게 있어서 학교 교육은 아이들이 좋은 직업을 얻기 위한 수단 그 이상임을 보여주는 것이라고 할 수 있을 것이다. 아이들이 좋은 교사를 만나고 좋은 환경에서 자라고 훌륭한 안내를 받으면 선한 사람으로 성장할 수 있다고 생각한다.

Bagdi 종족 사람들은 전통적으로 중매를 통해 성인이 된 남자와 여자를 결혼을 시킨다. 주로 부모가 자신의 자녀의 배우자를 물색하고 중매를 통해 결혼식을 올릴 수 있도록 주선한다. 신랑 후보와 신부 후보가 양가 부모를 방문하면 약혼이 이뤄지게 되고 날을 잡아 결혼식을 올리게 된다. 그들의 결혼식에서 중요한 요소는 그들이 부부가 되었음을 사회의 모든 사람에게 공표하는 것이다. 아들이 결혼하게 되면 아버지는 가계 운영에서 손을 떼게 되며 신랑이 가계의 중요한 책임을 지게 된다.

Bagdi 종족 사람들은 죽은 사람에 대해서는 화장터에서 화장하는 것이 일반적이다. 그 장례 절차에는 모든 친척이 참여하게 되는데 그것은 유족들을 위로하기 위함이다. 그들은 장례식을 치룬 후에는 일반적으로 15일 동안 고기와 생선을 먹지 않으며 그 기간이 지나면 남자나 여자나 모두 그들의 머리와 손톱을 깎는다. 그것은 죽은 사람을 존경하며 공경한다는 의미가 있다.

그들은 사람들이 심각한 두려움에 빠지거나 힘든 일이 생기는 이유는 내적 감정이나 아니면 귀신들의 영향으로 그럴 수 있다고 믿는다. 이것은 그들 모두가 영적인 세계를 인정하고 있기 때문일 것이다. 인도의 종교 상황을 안다면 그것은 당연한 결과일 것이다.

문화와 예술 분야

인도의 예술은 선사 시대의 바위 조각부터 시작하여 아주 오랜 역사가 있다. 또한 인도 문화의 일반적인 중요한 요소는 인도의 오랜 전통적인 정신이 반영된 서사성이라고 할 수 있다. 그중에서도 중요한 것 중 하나가 혼란스러운 외부 영향이나 순간적 감정에서 분리되어야 하는 요가 개념이라고 할 수 있다. 그런 개념에서 볼 때 인도에서는 주변의 현실은 부차적인 역할을 한다고 볼 수 있다. 그래서 그러한 부차적인 현실에 큰 비중을 두지 않는 특징을 찾을 수 있게 된다. 또한 인도의 예술은 단순하지 않고, 힌두교, 불교, 자이나교 등의 여러 종교적인 영향권에서 발전되어 왔다고 할 수 있다.

인도 음악의 신비로운 중요한 요소가 “드론”(drone, 지속음)이라고 할 수 있는데, Bagdi 종족에도 보편적으로 여러 민속 음악이 널리 퍼져 있음을 알 수 있다. 인도 음악에서는 그 드론이 독주, 합주, 성악, 기악, 무용음악에서까지 널리 사용되고 있는데, Bagdi 종족에게도 인도의 여러 전통적인 악기들이 사용되고 있다. 현악기로는 사랑기, 에크타라, 에스라즈, 시타르, 사로드 등이 사용되고 있고, 타악기로는 파키오즈, 타불라, 므리단감, 나가라 등의 악기들이 사용되고 있다.

Bagdi 종족의 예술에 관한 조사자들의 진술은 비교적 많은 정보를 제공해 주지 못하고 있다. 아마도 그것은 그들의 지금까지의 역사가 하층민으로서의 각박한 삶에서 비롯된 것일 수 있을 것이다. 또한 다른 면에서는 조사자들과 그들이 만난 사람들의 예술에 관한 지식의 한계에서 비롯된 것일 수 있다.

그런데도 그들의 진술에 의하면 그들에게는 아주 풍부한 구술적인 유산이 내려오고 있음을 알 수 있다. 특히, 그들은 오랫동안 글자 없이 살아 온 구전 문화권 사람들이다. 따라서 그들에게는 아주 많은 조상의 삶과 역사와 인간의 지혜에 관한 많은 이야기와 노래가 전수되고 있음다.

Bagdi 종족에 대한 이해, 특히 그들의 문화, 예술, 일반적인 의사소통에서의 중요한 점은 그들의 대부분 사람의 삶과 교육이 구전적 특징을 가지고 있다는 점이다. 그들의 구전적 문화의 특징을 제대로 이해할 때만이 그들을 향한 의사소통이나 복음 전파나 변화를 기대할 수 있다.

김연수 교수는 구전문화권의 특징을 몇 가지로 정리했다.[117] 그러한 원리들은 Bagdi 종족 연구에 적용되어야 할 것이다.

---

117 김연수, 『왜 이야기인가』 (서울: 도서출판 프리셉트, 2021), 163-65.

첫째로, 구전문화권 사람들은 그들의 의사소통을 대부분 구어적 전달, 즉 스토리텔링에 의존에 의존한다는 점이다. 그러므로 그들을 위한 의사소통과 교육에서 그러한 특징을 아는 것은 매우 중요하다. 사람들은 글자를 알고 있으며 그 사람들은 책이나 인쇄물을 통해서 여러 가지 지식과 정보를 얻게 될 것으로 생각하는 경향이 있다. 그러나 사실상 글을 알고 있다고 하더라도 구전성이 강한 사람들은 그들의 대부분의 의사소통과 교육이 책이나 인쇄물이 아닌 이야기를 통해서 이뤄진다는 사실을 기억해야 한다.

둘째로, 구전문화권 사람들은 그들에게 중요한 역사나 정보도 이야기 형태로 기억한다는 것이다. 사실상 모든 인간은 자신에게 필요한 대부분 정보를 이야기 형태로 기억 보관하는 경향이 있음은 이미 모든 사람이 다 인정하고 있는 바이기도 하다. 그들에게 글로 기록된 형태의 역사나 어떤 정보가 없다고 하더라고 그러한 것들이 거의 다 구전으로 전해지고 있는 것이 사실이다.

Bagdi 종족도 글을 알고 사용하는 사람이 적지 않다. 그런데도 대부분 사람은 실생활에서는 구전적 의사소통 형식을 따르고 있음을 기억해야 한다. 그것은 그들이 오랫동안 갖게 된 구전적 전통에 의한 것이며 모든 인간의 보편적인 특징이기도 하다.

셋째로, 그들의 문화적 그리고 세계관적 가치들이 이야기 형태로 보관되어 있다는 사실이다. 그들이 어떤 세계관과 가치관 속에서 살아가고 있는지를 알기를 원한다면 그들의 이야기를 분석하지 않고는 불가능한 것이다. Bagdi 종족 사람들은 그들이 학교에서 교재나 수업을 통해서 배운 것도 있지만 그들의 종족에 관한 것과 전통적으로 내려오는 인간에 대한 이해와 그들 종족에 관련된 문화에 대해서는 많은 부분이 구전적으로 전해 내려온 것에서 비롯된 것이다. 그러한 구전적 지식은 그들의 가치 형성과 세계관에 매우 중요한 부분을 차지하고 있다.

넷째로, 그들의 가장 적절한 의사소통 형태들은 이야기, 음악, 드라마, 시, 춤, 잠언 등일 수 있다. 그들에게는 그러한 수단을 쓸 때 의사소통의 효과를 최대화할 수 있는 것이다. 그들은 일상생활에서 전통적인 악기나 음악이나 시나 잠언과 같은 것이 그들의 삶과 다른 사람들과의 관계에서 중요한 역할을 하고 있음을 보게 된다.

다섯째로, 구전 문화권에서 가장 효과적인 의사소통 전략은 그들의 모어를 사용하는 것이다. 모어가 아닌 공용어나 다른 말일 경우에 그들의 이해와 사고에 깊은 영향을 끼치기가 쉽지 않다. 그래서 구전 문화권 사람들이 새로운 종교나 사상을 받아들일 때 가장 심각한 문제는 혼합주의가 자연스럽게 일어날 수 있다는 점이다. 어떤 것을 듣고 이해하게 되었을 때 그것이 충분하게 이해되지 않고 적당하게 알게 되면 그 부분은 이미 알고 있는 다른 지식이나 사상과 혼합되어 하나의 새로운 체계를 형성하게 되는 것이다. 그러므로 일반적인 의사소통과 복음 의사소통에서 그들의 모어를 사용할 때 심각한 혼합주의를 미리 방지할 수 있다.

교육 분야

인도의 교육 환경은 대도시 일부 지역을 제외하고 일반적으로 아주 열악한 편이다. 특별히 고등교육 기관에 대해서는 더욱 그러하다. 도시를 벗어나 시골에 가게 되면 고등교육 상황은 매우 열악한 상태에 놓여 있다.

더군다나 Bagdi 종족이 사는 지역은 그 교육 환경이 인도의 평균 지역보다도 훨씬 열악한 편이다. 그래서 그들은 자신의 자녀들이 더 높은 교육을 받는 것을 간절히 원하고 있으며, 그것이 그들의 가난의 대물림에서 벗어날 수 있는 유일한 길이라고 믿고 있다. Bagdi 종족 사람들은 일반적으로 국가의 발전도 교육에 달려 있다고 믿고 있다. 21세기에는 더 나은 교육이야말로 자녀들의 더 밝은 미래를 보장해 준다고 생각한다. 그러나 최소한의 기본 교육에 대한 정부의 계획이 실행되는 데에도 더 많은 시간이 필요할 것으로 보인다.

Bagdi 종족 아이들은 태어나면 아버지의 이름을 따라 새로운 이름이 주어지며, 그 이름을 바꿀 수 없다. 보통은 공식적인 이름과 별명을 둘 다 쓰는 경우가 일반적이다. 아이들은 자라가면서 나이 든 사람과 그들의 부모에게 순종하도록 배운다. 부모들은 가정에서 아이들이 그들의 관습과 문화를 따르도록 가르친다. 여자아이는 어릴 때부터 집에서 요리와 청소하는 법을 배우게 되고 남자아이는 가정을 운영하며 자신의 직업을 가질 수 있도록 훈련을 받는다. 아이들은 죽을 때까지 부모를 공경하도록 훈련을 받으며, 나이 든 사람이 아이들을 구전적으로 훈련하는 것이 일반적이다. 착한 아이는 부모의 말에 순종하며 사회의 악을 좇아가지 않는 것으로 여겨지고 있다. 이와 같은 가정 교육 혹은 사회 교육에서 구전적 의사소통인 스토리텔링 방식은 아주 중요한 학습 방법론이다. 아이들은 그들의 부모로부터 전해 내려오는 많은 이야기를 듣게 되며 스토리텔링 방식으로 전반적인 교육을 받는다.

십 대는 부모에게서 독립할 수 있도록 가르쳐지는데, 그 결과에 따라 좋은 사람과 그렇지 않은 사람으로 구분된다. 그들은 좋은 사람이 된다는 것은 부모로부터 자립하여 각자가 사회생활을 영위할 수 있는 처지가 되는 것을 의미한다. 그들은 일반적으로 아이들이 대학에 갈 때쯤에는 성인으로서 삶이 시작된다고 여긴다. 그러므로 대학생이 되는 것은 자신의 삶을 책임질 수 있는, 성인으로서 자신의 삶을 영위할 수 있는 연령이 되었음을 의미하는 것이다.

Bagdi 종족 아이들이 다니는 학교의 교사들은 그 어려운 가운데서도 고등 교육 공부를 마친 사람들로서 아이들을 가르칠 수 있는 자격을 획득한 사람들이다. 초등학교는 정부에서 보장해 주는 의무교육임에도 불구하고 그것을 제대로 마치는 아이들이 생각보다 많지 않다. 그들이 어린 나이 때부터 가족의 생계를 위해 직업 전선에 뛰어들어야 하기 때문이다. 그래서 그들의 대를 이은 가난이 계속되고 있다.

Bagdi 종족은 그들의 아이들이 교육을 받지 못한다면 좋은 직업을 얻는 데 결정적인 문제가 될 수 있다고 생각한다. 그들은 사람이 좋고 충분한 교육을 받아야 좋은 직업, 높은 자리, 많은 봉급을 받을 수 있다고 믿는다. 그리고 사람이 이미 교육을 받을 수 있는 나이가 지났다면 적어도 글을 읽고 쓰는 것은 배워야 한다고 생각한다. 특히, 아이들은 적어도 영어를 제일 언어로, 뱅갈어를 제이 언어로 공부해야 한다고 믿는다. 또한 아이들이 그들의 문화를 배우기 위해서는 자신들의 모어도 공부하는 것이 마땅하다고 생각한다.

Bagdi 종족 아이들이 어릴 때부터 가정에서 배우게 되는 것은 선한 삶을 사는 법, 사회에서 선한 사람이 되는 법, 어른을 공경하는 법(예를 들어, 어른의 발을 접촉하는 법) 등을 배우게 된다. 그러한 교육에서는 가정의 어른들이 아이가 말을 알아들을 수 있을 때부터 가르치게 된다. 그래서 그러한 교육은 식탁에서나 침상에서도 자연스럽게 이뤄지기도 한다. 가정에서의 그러한 교육은 아이들에게 그 아이들이 어릴 때부터 가정과 사회에서 가치가 있는 존재임을 깨우치게 하고 있다. 나이가 12세가 넘으면 어머니는 여자아이를 비밀리에 가르치며, 아버지는 남자아이를 지도한다.

종교 분야

문화는 부분적으로 개념과 감정과 가치라는 세 가지 영역에서 상호작용을 하는 신념체계로 구성되어 있고, 종교는 문화의 필수적인 구성요소로서 문화와 똑같이 세 가지 영역을 반영하고 있다고 할 수 있다. 그래서 종교가 가지고 있는 인식적 영역에서 그것은 그 공동체의 구성원들이 공유하고 있는 종교적 신념이나 지식을 포함하고 있다.[118] 그런 점에서 문화 연구에서 종교 연구는 아주 중요한 부분을 차지하고 있음을 알 수 있다. 사실상 두 영역이 가지고 있는 하부 체계가 일정한 부분에서 거의 겹치고 있기 때문이다. 특히, 문화의 핵심부에 해당하는 세계관이나 가치관은 종교와 중첩되어 있어 사람들은 종교를 보이는 세계관이라고도 부른다. 그만큼 종교가 그 사람의 정신세계와 신념과 세계관에 밀접한 영향을 끼치고 있다.

특히, 한 종족의 "민간 종교는 반드시 그곳 사람들이 실제로 서로서로 여러 복잡한 방법으로 관여하는 사회적 체제로서 연구되어야 한다."[119]라는 점에서 한 종족의 종교 연구의 중요성이 드러난다. 사실상 그들의 종교 활동은 그 종교를 믿는 사람들과 공동체가 조직한 것이다. 그들이 모두 관여되어 있으므로 그들이 가진 민간 종교에 대한 이해 없이 그들의 사회적 체제를 이해하는 것은 불가능하다. 그런 점에서 민간 종교, 공동체, 사회적 가치, 사회적 체제는 모두 하나로 묶여 있음을 보게 된다.

사회학에서는 그래서 종교를 "힘"으로 해석하는 경향이 있다.[120] 한 종족의 종교야말로 그 사회를 움직이는 강력한 힘을 그 사회 조직체 전체에 미치기 있기 때문이다. 그러므로 한 사회의 종교는 그 사회의 공동체원이 함께 연합하는 일이나 사회 개혁과 밀접한 관련이 있다. 따라서 한 종족의 종교를 이해하게 되면 그 사회 체제에 강력한 영향력을 발휘하고 있는 그 "힘"을 찾을 수 있게 되기 때문에 복음을 가지고 그 사회에 있는 그들에게 어떻게 접근할 수 있는지를 알아갈 수 있게 된다.

---

118 Paul G. Hiebert, R. Daniel Shaw & Tite Tienou, *Understanding Folk Religion - A Christian Response to Popular Beliefs and Practices* (Grand Rapids, Michigan: Baker Books, 1999), 36.

119 Paul G. Hiebert, R. Daniel Shaw & Tite Tienou, *Understanding Folk Religion,* 43.

120 정준기, 『선교적 문화비평』 (서울: 새한기획출판부, 1993), 230.

앞에서 살펴보았듯이 Bagdi 종족 대부분의 종교는 힌두교라고 할 수 있다. 그들의 삶도 오랫동안 힌두교의 영향 아래에서 유지됐다. 그런 점에서 인도에 토양을 두고 있는 힌두교와 그들의 정신세계를 지배하고 있는 또 다른 종교인 불교에 대한 이해 없이는 Bagdi 종족 사람들의 종교나 세계관을 이해하기 힘들 것이다. 힌두교와 불교가 인도의 같은 토양에서 형성되었고 Bagdi 종족 사람들은 오랫동안 그 두 종교의 깊은 영향력 아래에서 오랫동안 살아왔기 때문이다. Bagdi 종족 사람들을 제대로 이해하기 위해서는 그들의 마음속 깊은 곳에 힌두교적이고 불교적인 요소가 두껍게 깔려 있음을 기억해야 할 것이다. 힌두교와 불교의 세계관과 가치관이 그들의 일상생활의 모습과 사회적 체계와 가치 속에 녹아 있다.

지금으로부터 4천 년 전에 아리안족이 침입했던 시기에 그 당시 인도의 "지배적인 세계관은 부족적"이었음을 알 수 있다. 그리고 그들의 그러한 관점은 "전체로서 인식되는 우주는 신 혹은 궁극적 실재라고 할 수 있는 범신론적"[121] 특징을 가지고 있었다고 요약될 수 있다. 부족 사회의 중요한 종교적 특징은 역시 "부족적인 세계관"이라고 할 수 있다. 그것은 일반적으로 샤머니즘, 애니미즘, 범신론적인 특징을 가지고 있다.

Mircea Eliade는 힌두교를 발전시키고 그것을 믿고 있는 인도인들에게는 4가지의 "역동적 사상"이 그들의 영적 핵심을 형성하고 있다고 보았다.[122] 그러한 그들의 영적 핵심 사상을 이해할 때만이 힌두교의 지대한 영향을 받는 Bagdi 사람들의 종교와 세계관을 이해하는 데 도움을 받을 수 있다.

---

121 David J. Hesselgrave, 강승삼 역, 『선교 커뮤니케이션론』 (서울: 생명의 말씀사, 1999), 247.

122 Mircea Eliade, "Two Representative Systems of Hindu Thought," *In Reading in Eastern Religious Thought*, ed., Ollie M. Frazier, 3 vols. (Philadelphia: Westminster), 163, 166-67.

카르마(Karma) 법칙으로 이것은 인간을 우주와 연결하고, 윤회를 필수 불가결하게 만든다. 각자의 인간에게 주어진 업보와 관련된 것으로 인간은 그에 따라 윤회하게 되어 있다는 것이다. 마야(Maya)의 개념으로 이것은 경험된 우주는 환상이라는 것을 보여준다. 경험 세계 뒤에는 절대적이며 순수한 존재가 있다는 사상인데 이것을 아트만(Atman, 자아 혹은 영혼), 브라만(Brahman, 객관적으로 이해되는 절대자), 혹은 니르바나(Nirvana, 최고의 선, 평화, 공<空>, 복<福>)라고 한다. 해방을 얻는 수단 혹은 기술로서의 요가(Yoga)가 바로 그것이다.

이것들이 Bagdi 종족의 내면세계에 세계관적 특징을 형성하고 있다. Bagdi 종족 사람들은 일반적으로 기독교를 외래 종교라고 생각하며, 모든 신들은 똑같다고 여긴다. 또한 그들은 자신들의 조상을 소홀히 하는 그것은 나쁘고 잘못된 것이라고 믿는다. 그래서 그들은 선조의 길을 따르고 그들에 대해 알아가는 일을 바른 일이며 잘하는 것으로 생각한다. 그들의 이러한 생각은 근본적으로 힌두교나 전통적인 종교의 영향에서 비롯된 것으로 보인다. 또한 새로운 사상이나 종교를 바르게 받아들일 수 없게 만드는 장애 요소라고 할 수 있다.

그러므로 인도사람이나 Bagdi 종족이 일반적으로 생각하는 전통적인 종교는 당연히 힌두교라고 생각한다. 따라서 그들은 기독교를 외래 종교 중의 하나라고 생각한다. 외래 종교인 기독교를 받아들이는 것을 자신들의 전통적인 종교를 저버린 사람으로 간주한다. Bagdi 종족이 볼 때 인도사람 중 힌두교를 신봉하는 사람은 82% 정도라고 믿고 있다. 또한 Bagdi 종족 중에서 기독교인도 65% 정도가 혼합주의적 성향을 갖고 있다. 보편적인 힌두교인은 모든 신은 같다고 생각하며 기독교의 신은 그 많은 신 중의 하나라고 본다. 따라서 그들이 기독교 신앙을 가진 다음에도 그들의 신관은 자연히 상당한 부분 혼합주의적인 성향을 가질 수밖에 없다. 이것은 Bagdi 종족의 기독교인들에게 심각한 문제가 아닐 수 없다.

그러므로 한편으로는 Bagdi 종족이 기독교 신앙을 갖는 것이 비교적 쉬운 것은 그들이 여러 신들을 받아들일 준비가 되어 있다는 점이다. 하지만 그들이 갖는 혼합주의적 신관 때문에 유일신인 하나님을 받아들이는 일에는 아주 큰 장애가 되고 있음도 분명하다.

Bagdi 종족은 일반적으로 다른 인도사람처럼 새로운 종교에 대해서는 힌두교 신앙을 삶의 방편이나 지혜의 수단으로 계속 유지하면서 기독교를 받아들이는 경향이 있다. Bagdi 종족 중 기독교를 받아들인 사람이 5% 정도로 추정한다. 그들 중 10%는 두 종교의 종교의식을 행하고 있다. 이것은 그들에게 있는 종교관과 혼합주의의 심각성을 반영해 주는 것이라고 할 수 있다.

5장

인도 박디 종족 문화 연구와 선교

문화와 선교[123]

우리는 인간의 문화 안에 주어진 복음을 생각한다면, 문화와 선교의 관계에 대해서 심각한 고려를 해야만 한다. 특히, 우리가 "선교"를 '타문화권 복음 전파'라고 간단하게 정의한다면 선교에서 "복음"과 "문화"와의 관계는 심각하고 중요한 화두가 될 수밖에 없다. 그것은 복음이 본래 성경을 기록한 한 문화 안에 주어졌기 때문이다. 그 후에 복음을 전하는 자는 그 처음 문화 속의 복음을 전달자 자신의 문화를 통해서 배웠으며, 그리고 현재의 복음 전파자는 이제 또 다른 문화권 안에 있는 사람에게 그 복음을 전해야 하기 때문이다. 그것은 본래의 복음이라는 것이 처음부터 그것이 주어진 문화의 영향을 받았다. 전달자의 이해 과정에서 전달자 자신의 문화 영향 아래에서 복음을 받게 되었다. 그 복음을 다시 타문화권 사람에게 전달할 때 그 새로운 복음 수용자는 자신의 문화 영향 아래서 그 복음을 받게 되는 것을 의미한다.

그런데 여기서 우리가 염두에 두어야 할 것은, "초문화적이신 하나님은 문화적 존재인 인간과 소통하시는 살아 있는 의사소통자"[124]시라는 점이다. 우리는 문화 속에서만 존재할 수 있고, 하나님

123 이 부분에 대해서 김연수의 글을 참고했음을 밝힌다. 김연수, "선교에서의 '낀문화'의 의미와 역할," 『한국선교 KMQ』 vol. 20, No. 3 (2021년 봄호), 173-192.

124 Charles H. Kraft, *Christianity in Culture* (New York: Orbis Book, 1979), 169.

께서는 인간의 문화에서 완전하게 벗어나 계시지만, 인간과 의사소통하시기 위해 인간의 문화를 사용하신다는 것을 기억해야 한다.

그런데 우리는 문화를 "객관적 문화"와 "주관적 문화"로 나누기도 하는데 객관적 문화가 "사회, 정치, 경제 제도를 비롯하여 미술, 음악, 연극 등"을 말한다면, "사람들의 집단을 규정짓는 심리적 특징"[125]을 주관적 문화라고 볼 수 있다. 하지만 이 두 문화 모두가 복음 전달 과정에 관여한다는 사실을 놓쳐서는 안 된다. 복음이 전파될 때는 문화의 외형적인 면과 내부적인 면이 모두 관여한다.

우리가 선교에서 문화를 중요하게 다뤄야 하는 또 다른 중요한 이유는 무엇인가? 그 문화가 "무엇이 실재인가?"를 다루는 세계관을 그 중심에 담고 있기 때문이다. 그 세계관은 그 사람의 실재적인 가치와 행동을 통해 나타나는 신념체계를 제공해 주기 때문이다.[126] 그러므로 우리가 어떤 사람의 문화를 이해하지 못하면서 그를 이해했다고 말하거나, 그의 문화에 대한 바른 인식이 없이 그가 왜 그렇게 세상을 이해하고 있는지를 설명하려는 것은 망상일 수 있음을 기억해야 한다.

복음과 문화[127]

복음과 문화는 전달 과정에서 서로 복잡하게 얽혀 있다. 하지만 그 둘은 서로 혼동할 수 없는, 서로 완전히 다른 것임을 알아야 한다. 다시 말해서, "복음은 모든 인간 문화로부터 구분되어야 한다

---

125 김한식·김숙현·최윤희, 『선교, 문화, 커뮤니케이션』 (서울: 한국학술정보(주), 2005), 129.

126 Ralph D. Winter & Steven C. Hawthorne(edi.), 정옥배, 변창욱, 김동화, 이현모 역, 『퍼스펙티브스 2 문화적, 전략적 관점』 (서울: 예수전도단, 2010), 33.

127 "복음과 문화"의 관계에 대해서 Paul Hiebert가 그의 책에서 잘 설명해 주고 있다. Paul Hiebert, 김동화· 이종도· 이현모· 정흥호 역, 『선교와 문화인류학』 (서울: 죠이선교회출판부, 2003), 72-79.

."[128]는 것이다. 만일에 이 둘을 구분하지 못한다면, 우리들의 선교는 문화 제국주의를 낳거나 복음의 혼합주의를 초래할 수 있다. 복음은 하나님께 그 근원을 두고 있는 절대적인 진리라고 할 수 있다. 문화는 인간에게 근원을 두고 있는 상대적인 것이다. 그리고 그 복음이 인간에게 주어졌을 때 문화나 사람에 의해 신앙적인 문화를 형성하기도 한다. 그렇다면 아무리 훌륭한 기독교 문화라고 할지라도 그것이 복음은 될 수 없는 것이다. 그러므로 기독교 전통과 문화를 절대 진리인 복음과 혼동하거나 그것들을 섞는 것은 그것 자체가 실패요 매우 위험한 것임을 잊지 말아야 할 것이다. 성경에 기록된 하나님의 말씀은 복음이라고 한다면 그것을 믿는 사람들이 공동체에서 신앙인들의 관계에서 만들어진 것들은 기독교 문화라고 할 수 있다. 그런데 그 복음과 문화를 혼동한다면 심각한 문제에 빠지게 되는 것이다. 기독교 전통이나 문화는 공동체에 따라서 그리고 시대나 상황에 따라서 얼마든지 변할 수 있는 것이기 때문이다.

문화 안에 복음

그런데 그 절대 진리인 복음이 인간의 문화 안에 주어졌다는 것이다. 또한 그것은 복음이 "반드시 문화적 형태 안에서 표현되어야 한다."[129]는 것을 의미한다. 복음이 아무 매개 수단이 없이 독립적으로 진공상태에 주어진 것이 아니라는 것이다. 다시 말해서, 그 복음은 인간의 언어를 통해서 그리고 인간의 문화 속에 주어진 것이다. 그러한 사실은 문화라는 그릇에 주어진 복음이 그것이 주어지고 있는 문화의 영향을 받을 수밖에 없다는 것을 의미한다. 물론 그 복음의 본질은 변할 수도 없고 변해서도 안 되지만 그것의 이해와 전달 과정에서의 문화의 영향력을 절대로 피할 수는 없다는 것이다. 이것이야말로 우리가 전달해야 할 복음은 반드시 "상황화"나 "토착화" 과정을 거쳐야만 한다는 사실을 보여주고 있다. 그러므로 우리는 의사소통에서 말하는 "형태"와 "의미"에서 의미를 변형시키지 않

128 Paul Hiebert, 『선교와 문화인류학』, 72.
129 Paul Hiebert, 『선교와 문화인류학』, 76.

으면서 그 본래의 의미를 제대로 전달하기 위해서 형태를 문화에 따라 혹은 상황에 따라 적절하게 바꾸어 주어야 한다는 사실을 반드시 기억해야 한다. 우리가 그러한 과정에서 의미에 신경을 쓰지 않고 형태에만 신경을 쓰거나 인간적인 전통에만 방점을 두어 본래의 의미를 상실하게 되는 일을 적극적으로 막아야만 할 것이다.

문화에 대한 복음

복음과 문화의 관계에서 빼놓을 수 없는 또 다른 것은 우리에게 주어진 복음이 문화의 변혁을 위한 것이라는 것이다. 인간의 문화는 어떤 면에서 중립적인 부분이 있지만, 그 문화를 만든 인간의 타락은 그들이 만든 문화 자체를 오염시키고 말았다. 그러므로 우리는 "인간의 죄성 때문에 모든 문화는 역시 죄악 된 구조와 관습을 가지고 있다."[130]는 사실을 인정해야 한다. 복음은 그 오염된 문화에 대한 변혁을 위해 주어진 것이다. "모든 이론을 파하며 하나님 아는 것을 대적하여 높아진 것을 다 파하고 모든 생각을 사로잡아 그리스도께 복종하니"(고후 10:5)라는 말씀에서처럼 신앙인에게는 타락한 문화를 말씀으로 변혁시켜야 하는 사명이 주어져 있는 것이다. 그것이야말로 복음의 문화에 대한 역할 내지는 사명을 말해주는 것이다. 절대 진리인 복음이 상대적인 현상인 문화에 대해 바른 기준과 방향을 제시해야 한다.

문화와 선교

인간이 가지고 있는 문화는 그렇게 단순한 층으로 되어 있지 않다. 표면에는 언어와 함께 문화적 산물들이나 행동의 패턴 등과 같은 가시적인 요소가 있는가 하면, 그 아래층에는 의식적 차원의 문화적 신념이나 감정, 가치관 등이 자리를 잡고 있기 때문이다.[131] 이러한 문화의 표면적 구조와 심층적 구조는 복음이 들려져 이해되고

---

130 Paul Hiebert, 『선교와 문화인류학』, 78.

131 Paul Hiebert, 홍병용 역, 『21세기 선교와 세계관의 변화』 (서울: 복있는 사람, 2010), 64-65.

전달될 때 그 이해와 반응, 그리고 의사소통 과정에서 복잡하게 작용할 수밖에 없다.

그러므로 그러한 문화 안에서 이뤄지는 복음 전파는 단순한 의사소통이 아님을 짐작할 수 있다. 그렇다면 복음을 전하고자 하는 사람은 자신이 받는 복음이 본래는 원 문화 속에 주어진 것이었으며, 자신 또한 그 복음을 받을 때 자신의 문화 속에서 그 복음을 이해했었고, 이제는 그 복음을 또 다른 문화 속에 있는 사람에게 전해야 한다는 사실을 기억해야 할 것이다. 특히 복음에 대한 이해와 전달에 준비가 잘 된 사람일지라도 이제는 그 복음을 들어야 하는 사람의 문화에 대한 이해 없이 그들이 원 복음의 의미를 제대로 이해할 수 있도록 전하는 일이 쉽지 않다는 사실을 잊어서는 아니 될 것이다.

상황화

타문화권 의사소통에서 "상황화" 또는 "토착화"는 불가피하다는 사실이 이제는 보수나 진보 어느 진영 사람들에게나 널리 인정되고 있다. 타문화권 의사소통에서는 내용(의미)이 문화를 넘어서 본래의 의미대로 전달되기 위해서는 형식이 상황에 알맞게 바뀌어야만 하는 것이다. 이러한 상황화 이슈는 타문화권 의사소통에서 매우 중요한 것일 수밖에 없다. 왜냐하면 이 이슈가 의사소통에서만 문제가 되는 것이 아니고, "전달자의 생활 방식, 그의 메시지, 그리고 그의 사역 방법"[132]에도 영향을 미치기 때문이다.

인도네시아에서 오랫동안 성경번역 사역을 했던 찰스 테이버(Charles Taber)는 상황화를 다음과 같이 포괄적으로 설명하고 있다.[133]

---

132 Jim Chew, 네비게이토 편집부 역, 『타문화권 선교』 (서울: 네비게이토 출판사, 1993), 32.

133 Don M. McCurry, "Contexualization: Indigenization and/or

> 상황화란 모든 인간 공동체와 각 사람 자신들의 언어와 문화와 종교와 사회와 정치와 경제 모든 차원에서 그들의 구체적인 상황을 심각하게 생각하고 이해하며, 그러한 상황에 있는 사람들에게 복음이 무엇을 의미하는지를 분별하려는 노력이라고 볼 수 있다 상황화란 예수님께서 복음을 전하실 때 어떻게 각 사람의 상황에 맞추기 위해 민감하고 조심스럽게 전하셨는지를 매우 진지하게 살펴보는 것이다.

타문화권 의사소통에서는 서로의 "문화가 너무도 달라서 단어 대 단어의 번역은 본래 의미의 왜곡 또는 혼동의 결과를 가져온다."[134]는 사실 때문에 반드시 상황화가 요구된다. 이것은 본래의 메시지가 본래의 의미대로 제대로 전달되도록 언어와 문화의 장애를 넘어서야만 하는 성경번역 과정에서도 중요한 원리이다.

평생을 성경번역 사역에 종사했던 나이다(Eugene Nida)는 가장 만족스러운 번역이야말로 "역동적 등가 번역"(dynamic equivalence translation)이라고 말하면서 몇 가지의 중요한 번역 원리를 주장했다.[135] 한편 인류학자 크래프트(Charles Kraft)는 타문화 의사소통에서 문화 형식과 그 형식이 갖는 의미와의 관계에 대해 몇 가지 중요한 원리를 제시했다.[136] 두 학자의 주장을 필자는 순서를 조정하고 내용을 다음과 같이 정리했다.

첫째로, 사람의 의미 전달은 결국 문화 형식을 통해서만 가능한 것인데, 원 문화(Original Culture)에서 암시적인 것에 대해서 목표 문

Transformation," *In The Gospel and Islam: A 1978 Compendium* (Monrovia, CA: MARC, 1979), 146.

134 John Mark, Terry Ebbie Smith and Justice Anderson, 한국복음주의 선교신학회 역, 『선교학 대전』 (서울: 기독교문서선교회, 2003), 453.

135 Eugene A. Nida, *Custom and Culture* (Pasadena, CA: William Carey Library, 1982), 144-7.

136 Charles Kraft, 『기독교 문화 인류학』, 291-301.

화(Target Culture)에서는 명시적이어야 한다. 원 문화권에 살았던 사람들은 그 원 문화에서의 암시적인 것을 그 문화에서는 암시적으로 그 의미를 이해할 수 있지만, 원 문화와는 다른 타문화에서는 그렇지 않을 수 있기 때문이다.

둘째로, 원 문화에서 모호한 것에 대해 목표 문화에서는 그 의미를 분명하게 해야 한다. 원 문화에서 모호한 것은 경우에는 그 문화에서는 의도적인 모호성을 띨 수도 있다. 하지만 목표 문화에서는 그 의미가 분명해야만 본래의 의미를 전달할 수 있기 때문이다.

셋째로, 메시지 전달자는 원 문화에서 명료한 것이 목표 문화에서도 명료한 것이 무엇인지를 찾아내야 한다. 원 문화에서 빌려 온 형식이 목표 문화에서는 그 의미가 어느 정도 비슷하더라도 의도하지 않은 새로운 의미가 덧붙여지는 경우가 많기 때문이다. 그러므로 타문화권 메시지 전달자는 원 문화가 갖는 의미를 전달하기 위해 목표 문화에서의 가장 적절한 문화적 형식을 찾아야 할 것이다.

넷째로, 원 문화에서 명료하지만, 목표 문화에서는 추가적인 정보를 줘야 있다. 원 문화에서 사용하는 같은 형식이 목표 문화에서는 충분한 의미를 드러낼 수 없기 때문이다. 그때 목표 문화에서도 원 메시지를 충분하게 드러내려면 추가적인 정보를 제공해야 한다.

그러나 상황화 문제에서 무엇보다도 중요한 것은 비판적인 상황화(critical contextualization)를 해야 한다는 것이다. 이것은 상황화의 최종적인 통제권을 "상황"에 주지 않고 "성경"에 맡기는 것을 의미한다. 그러므로 상황화를 하려는 것이 신학적으로 심각한 문제를 만드는지, 메시지의 본질을 훼손하는지, 상황화를 했을 때 목표 문화에서 의도하지 않은 심각한 의미가 더해지는 것은 아닌지를 따져 본 후에 상황화를 해야 한다. 그런 점에서 "무비판적 상황화"는 목표 문화를 너무 중시한 나머지 그들의 문화가 갖는 죄성과 문제점을 간과함으로 본래의 메시지가 갖고 있을 수 있는, "어떤 문화적 변화를 요구하지 않는 자세"[137]라고 볼 수 있다. 그렇게 된다면, 무비판적 상황화는 결국 혼합주의를 불러들이게 될 것이다.[138]

혼합주의

상황화는 항상 "혼합주의"(syncretism)라는 위험성을 내포하고 있다. 혼합주의는 새로 받은 메시지나 사상이 기존의 것과 자연스럽게 섞임으로 결국은 어떤 것이 진리인지를 구분할 수 없게 되는 경우를 말한다. 이것은 진리를 배울 때 모어를 사용하지 않거나 그들에게 적합한 의사소통 방법을 사용하지 않을 때, 그래서 메시지를 받는 사람이 진리를 제대로 이해하지 못할 때 자주 일어난다.

혼합주의는 상대방의 믿음과 관습의 체제에 서로를 변화시키고 적응시켜 나가는 방식의 하나로 볼 수 있다. 그래서 본질로는 하나의 새로운 체제를 형성하는 것이라고 할 수 있다. 다신교를 가진 신앙인들은 신들은 많을수록 자신들의 신앙과 혜택을 강화할 수 있다고 생각하기에 새로운 신을 쉽게 받아들이는 경향이 있다. 예를 들어, 힌두교도는 다른 종교에 대한 큰 관용이 있다고 생각하여 다른 종교의 신들을 쉽게 받아들인다. 그래서 그들은 자신들의 종교가 모든 종교를 포용할 수 있는 유일한 종교라고 주장하기도 한다.

혼합주의를 막기 위해서는 "타협할 수 없는 성경적인 요소를 유지하고 비성경적인 문화적이거나 종교적인 요소들을 구별해 내야"[139]만 한다. 양보할 수 없는 성경의 진리를 지키고 성경적 진리와는 양립할 수 없는 문화적, 종교적인 요소들을 정확하게 구별해 내야만

---

137 이종우, 『선교·문화·커뮤니케이션』 (서울: CLC, 2011), 141.

138 Paul G. Hiebert, *Anthropological Insights for Missionaries, Grand Rapids* (Michigan: Baker Book House, 1985), 14-19.

139 Stan Guthrie, *Missions in the Third Millennium*, 130.

할 것이다. 왜냐하면 참다운 진리는 모든 것이 옳을 수는 없다고 분명하게 가르치고 있기 때문이다.

문화 연구가 선교에서 갖는 의미

우리는 일반적으로 어떤 종족이나 문화에 관한 연구를 문화 인류학이라고 부른다. 그리고 그 문화 인류학은 선교 사역에서 아주 중요한 역할을 한다는 사실을 인정하고 있다. 그런 점에서 문화 인류학자들은 한 종족의 문화 배경을 아는 일에 결정적인 공헌을 한 사람들이라고 할 수 있다. 그들은 "특정 지역의 주민을 대상으로 그들의 언어, 출생, 친족관계, 성별의 활동, 지역 안팎의 조직, 지도자의 권위나 그것의 발생 경로, 그들의 사유, 믿음, 문화, 신화, 예술을 구체적으로 파악"[140]함으로 그들의 연구를 수행해 왔다.

분명한 것은 종족이나 종족 문화를 연구하는 것이 선교에 대한 만병통치약이 되거나 성령님의 역사 없이도 인간적인 노력으로 선교가 이뤄질 수 있음을 보여주는 것은 아니다. 그러나 종족이나 그들의 문화를 제대로 이해하게 될 때 선교를 위한 중요한 교두보를 만들게 되는 것은 분명하다. 그래서 Grunlan은 문화 인류학이 효과적인 선교전략 수립에 적어도 네 가지 면에서 공헌할 수 있다고 말한다.[141] "문화의 개념이야말로 인류학자들이 선교적인 노력에 했던 가장 중요한 공헌"[142]이라고 할 수 있을 것이다.

문화 인류학은 선교사가 다른 문화에 대해 이해할 수 있도록 한다.

문화 인류학은 선교사가 다른 문화권에 진입할 수 있도록 돕는다.

문화 인류학은 다른 문화권에 복음을 전달할 수 있도록 만들어

---

140 정준기, 『선교적 문화비평』, 228-229.

141 Stephen A. Grunlan & Marvin K. Mayers, *Cultural Anthropology,* 21.

142 Louis Luzbetak, *The Church and Culture*, 59.

준다.

문화 인류학은 다른 문화권에서 교회 개척 과정을 돕는다.

그렇다면 종족 문화에 관한 연구가 선교에는 어떤 의미가 있는 것인지를 좀 더 구체적으로 살펴보도록 하자.

종족 문화에 관한 연구 없이는 그 종족과의 참된 타문화 의사소통이 불가능하다. 타문화권 사역자가 그가 사역하는 문화를 잘 알아야 하는 이유는 그들의 세계관이나 종교적 신념에 동의하거나 받아들기 위해서가 아니다. "그들에게 복음을 효과적으로 전달하기 위해서 그들을 알아야 하기 때문"[143]이다. 그들은 일차적으로 선교사가 전하는 복음을 그들의 세계관이나 종교적 신념에 따라 받아들일 것이기에 그들의 문화 이해가 중요하다.

종족 문화에 관한 연구가 그 종족과의 초문화권 의사소통의 교두보를 제공해 준다. 한 문화에 속한 사람이 다른 문화를 접하게 되면 세 가지 방법으로 대처하게 되는 것이 일반적이다. 그것은 "격리, 혼합주의, 개혁"[144]이라고 할 수 있다. "격리"는 자신을 새로운 문화와 격리하여 자신을 보호하는 방법이고, "혼합주의"는 자신의 것과 새로운 것을 자연스럽게 섞어버리는 것이며, "개혁"은 바른 신앙을 갖기 위해 새로운 문화 수용자가 선택해야 하는 방법이 될 것이다. 그 개혁 과정에서 자신의 어떤 것을 포기하고 새로운 것 중 어떤 것을 받아들일 것인가를 결정함으로 초문화권 의사소통의 돌파구를 마련할 수 있을 것이다.

종족 문화에 관한 연구는 그 사람들과 그들의 언어에 대해 깊이 이해할 수 있도록 돕는다. 인간의 문화는 그들이 사용하는 언어와

---

143 Paul G. Hiebert, R. Daniel Shaw & Tite Tienou, *Understanding Folk Religion,* 36.

144 Lamin Sannneh, *Translating the Message - The Missionary Impact on Culture* (Maryknoll, New York: Orbis Books, 2005), 39-46.

아주 밀접한 관계가 있다. 그 둘은 동전의 양면이라고 할 수 있다. 그들의 문화를 연구하게 되면 그들이 사용하는 언어의 특징을 이해할 수 있게 되며 더 나아가 그 언어를 사용하는 사람들의 사고 구조까지도 규명할 수 있게 된다. 또한 그들의 사고 구조와 그들의 언어의 특징을 알게 되면 다시 그것들을 통해 그들의 문화가 가지고 있는 다른 문화와의 차이점을 깊이 이해할 수 있게 되는 것이다. 모든 효과적인 의사소통이 의사소통 대상자에 대한 바른 이해에서 시작되는 것이라면, 그들에 대한 문화 연구는 그들과의 의사소통을 위해 그만큼 중요한 과정이 될 것이다.

종족 문화 연구를 통해 선교 사역에서의 진전을 기대할 수 있다. 타문화 사역자들은 문화 연구를 통해서 얻은 지식으로 "그 지역의 특성을 신속하게 파악하고 그곳 실정에 맞는 선교 정책을 수립할 수 있는 방향"[145]을 잡을 수 있게 된다. 문화에 대한 지식에는 그 지역에 대한 특성은 말할 것도 없고, 그곳 사람들의 특성과 그들의 선호도, 그들의 의사소통의 특이점, 복음을 전하려고 할 때 만날 수 있는 예상 장애와 징검다리가 될 만한 현상들까지도 찾아낼 수 있다. 그에 기초하여 그들에게 맞는 선교 방법론이나 효과적인 정책 수립을 세울 수 있다. 문화에 관한 연구는 "인간관계 형성 방법, 사고방식, 가치관, 세계에 관한 인식 방법 등과 같이 표면에 잘 드러나지 않는 영역에서 더 미묘하고 심각한 차이를 발견"[146]할 수 있도록 도와준다. 이것이야말로 선교 커뮤니케이션에서의 아주 중요한 요건을 제공해 준다.

박디 종족 문화 연구와 박디 종족 선교

Bagdi 종족 문화 연구에서 드러나는 미전도 종족의 선교

전 세계에는 55,000개[147] 정도의 종족들이 있는 것으로 알려져 있

145 정준기, 『선교적 문화비평』, 229.
146 이장호, "선교 커뮤니케이션," 163.

다. Ralph Winter는 그중에서 16,750개가 미전도 종족에 해당한다고 발표했다(1978). 에딘버러 선교대회가 이것을 재확인했다(1980). 미전도 종족을 종교별로 분류하면, 애니미즘 문화권에 5,000개, 이슬람권에 4,000개, 힌두교권에 3,000개, 불교권에 1,000개, 중국에 2,000개의 종족이 있는 것으로 추정하고 있다.[148] 또한 여호수아 프로젝트(The Joshua Project)는 인구 만 명 이상의 종족 중에서 기독교 신자가 5% 미만이어서 외부의 도움이 필요한 미전도 종족을 2,000개로 발표한 바 있다. 그리고 그 2,000 종족을 언어와 문화와 종족의 유사성에 따라 9개의 인종별 분류를 시도하기도 했다.[149] 그것은 말레이계 인종 그룹, 남동아시아 인종 그룹, 시노-티베트 인종 그룹, 인도-이란 인종 그룹, 터키 인종 그룹, 이슬람의 아랍 인종 그룹, 동북 아프리카 인종 그룹, 사하라 사막 이남 아프리카 인종 그룹, 남태평양의 인종 그룹 등이다.

회교권 다음으로 미전도 종족이 많은 문화권은 바로 힌두교권이다. 그리고 그 중심이 되는 나라는 역시 인도라고 할 수 있다. 인도는 아시아에서 기독교 역사가 가장 오래된 나라 중의 하나이며 영국의 오랜 통치를 받았기 때문에 비교적 서양 문화에 익숙한 나라라고 할 수 있다. 인도의 주요한 미전도 종족으로는 동부에 속한 뱅갈리족, 아삼족, 비하리족, 오리야족이며, 힌디어를 사용하는 힌두스족, 구자라티족, 마라티족, 구자르족, 빌, 곤드, 람바디족, 문다산탈족, 신디족 등이[150] 있지만 실제로는 훨씬 많은 종족이 인도 땅에서 살고 있다.

---

147 이것은 넓은 의미의 종족 기준에 의한 통계로 다른 통계보다 많은 편이다. 이처럼 그 종족 수에 차이가 있는 것은 그들의 종족 정의와 종족 범위의 기준이 다르기 때문이다. 인종이나 문화나 언어의 상이함, 국가적 경계, 사회적 체제, 정치적 이념, 심지어 종교에 따라 종족 수는 달라질 수 밖에 없다.

148 전호진, 『인종갈등의 시대와 미전도 종족 선교』, 36.

149 전호진, 『인종갈등의 시대와 미전도 종족 선교』, 36-39.

150 전호진, 『인종갈등의 시대와 미전도 종족 선교』, 37-38.

20세기 후반에 오면서 기독교는 다른 종교들과의 대화를 강조하게 되었다. 그 결과 "특정주의"(particularism), "내포주의"(inclusivism), "다원주의"(pluralism)와 같은 견해들이 쏟아져 나오게 되었다.[151] 그에 따라 진리의 배타성을 강조하는 복음주의는 심각한 공격을 받을 수밖에 없게 되었다. 이러한 현상은 타 종교가 주를 이루고 있는 지역에서의 기독교 선교에 크나큰 이슈와 도전이 되고 있다.

우리는 인도 회교권 선교를 생각할 때 기독교가 타종교에 대해 가질 수 있는 몇 가지 입장을 다룰 필요가 있을 것이다. 기독교의 타종교에 대한 입장은 크게 네 가지로 요약할 수 있는데, 그것은 첫째로 기독교만 절대 진리라는 "배타적 모델"(exclusivism)이 있고, 둘째로 타종교와의 대화를 해야 한다고 주장하는 대화주의(dialogue)로서 "포용주의"(inclusivism)가 있다. 셋째로 종교 "다원주의"(pluralism) 신학이 있다면, 넷째로 종교 "혼합주의"(syncretism) 입장이 있다.

여기서 우리는 모든 종교를 통해서 같은 구원과 진리에 도달할 수 있다고 주장하는 "다원주의" 신학이나, 여러 종교를 섞어서 만든 "혼합주의"를 분명하게 반대한다. 또한 타종교의 가치를 인정하고 그들과 대화를 통한 선교를 지향해야 한다고 주장하면서, "타종교에도 그리스도를 통한 구원이 있을 수 있다."[152]고 주장하는 "포용주의"도 용납할 수 없다.

우리는 "문화적이고 종교적인 다원성이 전 세계 모든 선교사가 직면하고 있는 가장 근본적인 특성"[153]이라는 사실을 인정한다. 동시에 우리가 기독교인으로서 다른 종교에 대해 포용적인 태도를 품는 일은 중요하지만, 성경의 진리만이 절대 진리요, 구원의 길이라는 사

---

151 John Hick, etc. 이승구 역, 『다원주의 논쟁』 (서울: 기독교문서선교회, 2001), 10, 그러한 사조들에 대한 자세한 설명에 대해서는 22-34를 참조하라.

152 전호진, 『문명충돌 시대의 선교』 (서울: CLC, 2003), 169.

153 Lamin Sanneh, *Translating the Message*, xi.

실을 양보할 수는 없다. 어쩌면 현대는 "다원주의적 관용(tolerance)이라는 언어가 종교적 우상이 되어 배타주의는 독선주의로 정죄 받는 상황"[154]이라고 할 수 있다. 그러나 우리의 선교는 결국 기독교 진리의 "배타적 모델"에 그 근거를 두고 있다는 사실을 확실히 해야 할 것이다. 비록 다원주의자들은 "구원, 깨달음, 혹은 해방은 각 종교에서 나름의 방식으로 제시하고 있는 하나의 실재"[155]라고 주장하고 있으나, 사실은 "타종교에는 사람을 변화시키는 메카니즘이 없고 오직 기독교만이 선교를 통한 회심을 기독교 신앙의 본질로 믿고 있기"[156] 때문이다. 그것은 힌두교의 강한 영향력 아래에 있는 인도에서도 그리고 Bagdi 종족에게도 예외일 수는 없다.

그러므로 기독교가, 인도와 같이 타종교가 주류를 이루고 있거나 모든 문화와 삶의 기저를 이루고 있는 곳에서는 "왜 다른 경전보다는 성경만을 유일한 경전으로 받아 들어야 하는가? 왜 타종교 지도자 대신에 예수 그리스도를 구주로 영접해야 하는가? 왜 기독교만 특별한 것인가?"[157]와 같은 질문이 나올 수밖에 없다. 바로 이 질문들에 대해서 기독교 선교가 정확한 대답을 줄 수 있어야 비로소 기독교 선교가 가능하다.

Bagdi 종족은 인도에서 여러 하층 계층에 속하는 종족 중에서 대표적인 그룹에 속한다. 그들에 관한 연구와 선교전략 개발이 다른 많은 힌두교 영향권 아래에 있는 인도의 종족은 말할 것도 없고 그와 유사한 처지에 놓여 있는 세계의 다른 미전도 종족의 선교에 중요한 자료가 될 수 있을 것이다.

---

154 전호진, 『문명충돌 시대의 선교』, 171.

155 Harold Netland, "선교와 종교 다원주의: 선교신학과 선교훈련에 있어서의 쟁점들," 『현대선교 11 - 선교와 종교 다원주의』 (서울: 한국해외선교회출판부, 1997), 47.

156 전호진, 『문명충돌 시대의 선교』, 171.

157 Harold Netland, "선교와 종교 다원주의: 선교신학과 선교훈련에 있어서의 쟁점들," 52.

그들의 문제에 대한 해결 가능성

한 종족의 문화를 깊이 있게 연구한다고 해서 그들의 모든 문제를 해결할 수 있는 것은 아니다. 그러나 중요한 것은 문제를 알게 되면 해결의 실마리를 찾아 나설 수 있다는 것이다. 더군다나 Bagdi 종족 연구를 하면서 알게 된 사실은 그 종족 가운데 전체적으로는 기독교 운동이 일어나고 있지는 않지만, 그 종족들에게 그러한 운동의 가능성이 충분히 보인다는 점이다. 무엇보다도 고무적인 사실은 그 Bagdi 종족 중에서 신자들이 여기저기에서 발견된다는 점이다. 그들을 서로 엮고 그들을 훈련하여 작은 공동체를 지역마다 만든다면, Bagdi 종족 선교 운동이 충분히 일어날 수 있을 것이다.

그들의 선교에 대한 가능성

"선교는 본질에서 실재적 사역이고, 그것은 참여와 의사소통을 수반하는 것"[158]이다. 따라서 선교에 대한 특별하고 근본적이고 구체적인 방법론은 그 선교 대상에 대한 문화적이고 역사적인 특이성을 정립하는 것으로부터 출발해야 할 것이다. 그것이 정립된다면 그것에 맞춘 선교전략을 세울 수 있다. 그것을 실행에 옮길 수 있다. 사실상 어떤 그룹의 사람이 겪고 있는 상황, 특히 어려운 상황은 그것이 바로 그들에게 복음을 소개하는 기회이다. 그들의 문제와 장애가 바로 선교의 돌파구가 될 수 있다.

Bagdi 종족은 상기한 바와 같이 인도의 전통과 문화와 종교의 강한 영향력 아래에 놓여 있다. Bagdi 종족만의 고유한 문화가 없는 것은 아니지만, 훨씬 더 많은 부분에서 인도의 전체적인 가치관과 세계관과 문화와 종교의 영향을 받은 것을 확인할 수 있다. 그들은 아직도 여러 곳에서 자신들끼리 모여 살기도 하지만 이미 많은 사람이 인도 전역으로 퍼져 다양한 사람들과 섞여 살고 있다. 그들은 도

---

158 Lamin Sannneh, *Translating the Message*, 29.

심지로 이동하여 다양한 인종의, 다양한 종교의 사람들과 함께 인도 주류의 사람들과 삶을 공유하고 있다.

그런 점에서 우리는 무엇보다도 다신교를 믿고 있는 인도인 대다수의 힌두교인의 가치관과 다원주의적 특성을 정확하게 이해할 필요가 있다. 그래서 그러한 정신세계를 소유한 사람들에게 어떻게 복음을 전하는 것이 가장 효과적인지를 찾아내야 하기 때문이다.

선교 전략가인 Roland Allen은 그가 사역했던 선교 현장에서 놀라운 사실을 발견했다. 그것은 그리스도를 향한 엄청난 개종운동이 일어나고, 하나님께 쓰임 받는 선교 사역들을 간추려 본다면 놀랍게도 한 공통점이 있다는 것이었다.[159] 그것들은 바로 그들의 문화에 토착적/상황적이었으며 동일 집단으로 이뤄진 토착교회만이 계속 성장한다는 것이었다.

그러므로 동일 집단인 Bagdi 종족에 대해서도 그들의 문화에 상황적으로 접근할 수 있다. 바울의 선교[160]에서 드러나고 있는 성령님 의존적인 사역을 펼친다면, 그들에 대한 성공적인 선교는 활짝 열려 있다고 확신할 수 있다.

---

159 Ralph Winter, 임윤택 역, 『랄프 윈터의 비서구 선교운동사』, 79. 저자는 Roland Allen의 『바울의 선교 vs. 우리의 선교』의 내용을 아주 잘 정리하고 있다. 더 자세한 내용은 Roland Allen, 『바울의 선교 vs. 우리의 선교』을 참고하라.

160 Roland Allen, 『바울의 선교 vs. 우리의 선교』, 235.

6장
인도 박디 종족 문화 연구에 따른 선교전략 수립과 세계선교

박디 종족 문화 연구에서 얻게 되는 그 종족에 대한 선교에 대한 통찰력

박디 종족 문화의 특징과 효과적인 의사소통 가능성

Bagdi 종족의 가장 큰 특징은 오랜 멸시와 핍박으로 인한 낮은 자존감, 다신교 종교의 영향으로 인한 절대적인 신관보다는 다신관 혹은 정령숭배와 같은 혼합주의적 성향 등이 있다는 점이다. 이 사실을 바르게 이해할 때 의사소통을 시작할 수 있다. 그들의 생각과 삶과 고통을 충분히 듣는 것에서 대화를 시작할 수 있다. 그들의 어려움과 상처와 고통을 먼저 듣고, 그들의 아픔과 함께 할 때 복음 의사소통을 시작할 수 있다.

박디 종족 문화의 구속적 유사와 문화적 유사의 발견

인도네시아, 이리안자야야의 사위 종족을 위해 사역했던 Don Richardson은 사위 종족의 회심 이야기를 다음과 같은 놀라운 확신으로 끝을 맺고 있다. "수 세기 동안 하나님은 효과적인 복음 전달을 위하여 모든 종족과 민족들의 문화 속에 구속적 유추를 만들어 놓으셨다."[161] 초기 기독교 시대에 기독교가 유대 문화를 파괴하고 있다고 비난받았다. 그때 히브리서 기자는 제사장직, 성막, 희생 제사, 안식일 등과 같은 유대 문화의 중심 요소들이 어떻게 성취되었는지를 보여주었다. 우리는 그러한 것들을 "구속적 유사"(Redemptive

161 Don Richardson, *Peace Child* (Glendale, CA: Regal, 1974), 287.

Analogies)라고 부른다. “그것들이 구속을 잘 이해할 수 있도록 돕는 역할을 하기 때문이다. 하나님께서 구속적 유사를 주신 목적은 예수님을 문화에 맞게 메시아로 인식할 수 있도록 사람들의 마음을 미리 준비시켜 놓는 것이다.”[162]

종족 선교에서 그들의 문화에서 “구속적 유사”를 발견하여 그것을 복음을 전하는 도구로 삼는 것은 그들의 복음에 대한 이해와 회심에만 도움을 주는 것이 아니다. 그들이 복음을 받아들인 다음에도 그들 자신의 문화에 대한 태도가 달라지는 효과까지도 가져올 수 있기 때문이다. 그들이 자신의 문화에 있는 “구속적 유사”를 발견하게 되면 그들은 “자신의 문화 내에 숨어 있는 영적 의미를 인식하게 될 것이며 회심 후에도 그들의 문화적 배경을 부인하지 않고 성경과 자신들의 문화적 유산에 대해 더 깊은 통찰력을 갖게”[163] 될 것이다.

따라서 선교사들에게는 평범하고 당연하지만, 쉽지 않은 책무가 주어져 있다. 하나님께서 그러한 사역자를 찾고 계시기 때문이다. “가서 그 사람들과 함께 살면서 그들의 갈등과 열망을 이해하고, 그들의 언어와 문화를 배우며, 우리의 복스러운 구세주의 비길 데 없는 사랑과 은혜를 그들에게 이해하실 수 있는 구속적 유추를 발견할 복음 전달자를 찾고 계신다.”[164]는 사실을 항상 기억해야 한다.

박디 종족을 위한 선교의 방법론 연구의 필요성

우리가 미전도 종족 연구하는 이유는 보편적 인류에 대한 이해를 위함이다. 하지만 기독교로서는 복음 의사소통을 위한 것이다. 바르

---

162 Ralph D. Winter & Steven C. Hawthorne(edi.), 『퍼스펙티브스 2 문화적, 전략적 관점』, 39.

163 Ralph D. Winter & Steven C. Hawthorne(edi.), 『퍼스펙티브스 2 문화적, 전략적 관점』, 39.

164 John T. Seamands, 홍성철 역, 『타문화권 복음 전달의 원리와 적용』(서울: 도서출판 세복, 1997), 203-4.

고 효과적인 의사소통은 쌍방적이어서 청자 자신과 그 청자가 있는 전제, 가치관, 세계관, 문화에 대한 바른 이해가 있어야 한다. 그래야 효과적인 대화를 시작할 수 있고, 대화의 목적을 성취할 수 있다.

일부 사람은 힌두교인이나 힌두교 국가는 여러 신들을 인정하기에 다른 종교에 대해 포용적이라고 생각하는 사람이 있다. 그러나 실제 상황에서는 힌두교인이나 힌두교 정부는 기독교에 대해 결코 포용적이지 않다. 인도에서 여전히 강한 탄압과 위협을 받는 많은 교회와 그리스도인을 보면 그것을 확인할 수 있다. 그 점에서 인도에서의 힌두교인이나 힌두교의 강한 영향력에 놓여 있는 Bagdi 사람 위한 현실적이고 구체적이며 효과적인 선교 방법론이 필요한 것이다.

박디 종족 문화 연구와 박디 종족 선교 상황

현재 박디 종족 선교 현황

그동안 Bagdi 종족을 위한 선교는 사실상 거의 이뤄지지 못했다. 그들은 불가촉천민이고 선교사들의 큰 관심을 끌 수 없었기 때문이다. 그래서 그들이 사는 지역에는 그동안 기독교 공동체나 교회라고 할 수 있는 기독교 세력이 형성될 수 없었다. 역사가 Latourette는 기독교의 놀라운 발전을 보여주었던 1800년부터 1914년 사이의 기간을 "위대한 세기"라고 불렀다. 그것은 그 세기에 기독교가 "새로운 형태의 교육에서, 인간의 고통을 예방하고 구하기 위한 운동에서, 그리고 사상들을 전파하는 일에서 하나의 개척자로서 놀라운 역할을 담당해 왔기"[165] 때문일 것이다.

그런데 우리는 그 위대한 세기라고 불리는 시대에 주를 이뤄왔던 선교 방법론을 되짚어 볼 필요를 느끼게 된다. 그 세기 동안에 초기 선교의 중요한 특징은 바로 "탐색적 선교 기지 접근법"[166]이라고 불

165 Donald A. McGavran, 이광순 역, 『하나님의 선교전략』 (서울: 한국장로교출판사, 1994), 69.

리는 방법론이었다. 그것은 선교사들이 선교지의 한 지역에 들어가 그들이 함께 모여 살면서 선교 기지를 세웠고, 기독교인들의 거류지를 형성하는 방법론이었다. 그러한 선교 기지는 한 종족의 종교적 문화적 중심지가 될 수 있으며, 그 기지에 학교, 병원, 신학교, 선교사 거주지를 가지게 된다. 그러나 그 방법론으로는 "분리될 수 없었던 피부색, 생활 수준, 위신, 학식, 여행의 방법, 거주지, 그리고 다른 많은 요인으로 그곳 사람들로부터 따로 멀어져 있었기 때문이다. 선교사는 사실상 그가 구원의 소식을 전해야 할 사람들로부터 고립되어 있을 수밖에 없다."[167]

기독교 선교 운동이 선교 기지 접근법을 전형적으로 사용했던 그때도 그리스도를 향한 종족 선교 운동이었다. 또 다른 방법론은 세계의 여기저기에서 일어나고 있었다. 불교문화에 젖어 있는 버마 사람을 위해서 Adoniram Judson은 성경을 버마어로 번역하는 것이 종족 안에서 기독교 운동을 일으킬 수 있는 중요한 사역이라고 믿고 그 일에 전념했다. 초기 카렌족의 개종을 지엽적인 일로 여기지 않고 그들을 끈기를 가지고 양육했다. 그래서 그들을 통한 기독교 운동은 오늘날 수십만의 신자들을 길러내게 되었다. 파키스탄 북쪽의 츄라스(Churas)[168]라 불리는 하층민 종족도 대표적인 종족 선교 운동으로 볼 수 있다. 그들은 본래 이슬람과 힌두 문명이 혼합된 지역의 농민들로서 파키스탄 인구의 약 7%를 점하고 있는 천민들이었다. 츄라스 종족의 디트(Ditt)라는 한 남자가 그리스도에게로 돌아온 후에 그는 온갖 고난과 핍박을 이겨내면서 그들과 함께 살았고, 그의 친척들을 먼저 그리스도에게로 인도했다.

그 후 80년이 지난 후에는 그 지역의 모든 츄라스 종족이 그리스도인이 되었다. 또한 인도네시아 수마트라 북쪽의 바딱 종족[169] 또한

166 Donald A. McGavran, 『하나님의 선교 전략』, 71.
167 Donald A. McGavran, 『하나님의 선교 전략』, 71-72.
168 Donald A. McGavran, 『하나님의 선교 전략』, 103.

대표적인 종족 선교의 성공적인 실례라고 할 수 있다. 그 종족이 거주하고 있는 니아스(Nias)라는 섬에는 1916년에는 기독교인이 한 명도 없었다. 그러나 1937년에는 10만 명이 넘는 기독교인이 생겨났다. 이런 예는 선교사가 한곳에 모여 살면서 선교 기지 접근법으로 일어난 부흥이 아니다. 그리스도인이 된 그곳 사람을 성령님께서 사용하심으로 그 종족 안에 일어난 강력한 기독교 운동으로 말미암은 것이라고 할 수 있다.

박디 종족 선교의 장애물

미전도 종족 선교는 21세기 현대선교에서 가장 핵심적인 과제이다. 그런 점에서 남은 미전도 종족에 대한 선교야말로 모든 기독교인의 사명이어야 한다. 그러나 현대선교에서 세계적인 인종 갈등, 종교와 문화의 충돌, 민족과 국가 간의 전쟁 상황에서 미전도 종족 선교는 심각한 도전을 받는 것도 사실이다.

미국의 선교학자 Charles Taber는 미전도 종족 선교를 성취하기 위해서 우리가 극복해야 할 장애를 잘 정리했다.[170] 그는 ①지리적 고립이나 접근에 어려움, ②정치적 장애나 폐쇄 정책, ③인종적 편견이나 적대감, ④이념적 갈등이나 저항, ⑤전통문화의 저항, ⑥선교의 비효과적 방법 사용 등을 지적하고 있다. 그의 지적을 요약한다면, 지리적, 정치적 장애, 문화적 장애, 인종적 장애 등이 현재 남아 있는 미전도 종족 선교에 어려움을 줄 수 있다.

한편 Hesselgrave는 선교 커뮤니케이션에 실재하는 문화적 장벽을 잘 정리했다.[171] 그것은 발신자가 수신자에게 메시지를 전달할 때 결정적인 영향을 미치는 7가지 영역이다. ①세계를 인식하는 방법으로

---

169 Donald A. McGavran, 『하나님의 선교 전략』, 104.

170 Charles Taber, "Evangelizing the Unreached Peoples: What to do and How to do It," *The Gospel and Frontier Peoples*, ed. R. Pierce Beaver (Pasadena: Willaim Carey Library, 1973), 124.

171 David J. Hesselgrave, *Paradigms in Conflict*, 168-178.

서 세계관, ②사고의 방법으로서 인식 과정, ③사상을 표현하는 방법으로서 언어적 형식, ④실행의 방법으로서 행동양식, ⑤어울림의 방법으로서 사회구조, ⑥메시지 소통 방법으로서 매체의 영향, ⑦결단의 방법으로서 동기 자원 등이다. 그는 특히 선교 커뮤니케이션에서 장애로 작용하는 세계관과 언어의 특징과 의사소통 방법과 결단의 방법 등에 대해 지적했다. 그러한 것들을 이해하지 못한 가운데 이뤄지는 타문화권 선교는 장애를 만날 수 있음을 말하고 있다. 그러므로 우리가 Bagdi 종족에 대한 선교를 염두에 둔다면 일반적인 미전도 종족 선교에서 예상되는 장애들과 그들의 문화로 인해 선교 커뮤니케이션에서 일어날 수 있는 장애들을 기대하고 그것들을 극복해 가는 것이 무엇보다도 중요할 것이다.

McGavran에 의하면 인도는 과거에 3,000여 개의 카스트와 많은 부족 중에서 22개의 카스트와 부족 중에서 기독교의 집단개종 선교 운동이 일어난 적이 있었다. 그 후에는 50개의 카스트와 부족 중에서 선교 운동이 있었던 것도 사실이다. 그러나 그러한 것들은 전체 종족들을 생각한다면 미미한 것이었다고 할 수 있다.[172]

우리가 인도의 Bagdi 종족에게 복음을 전파하는 데에도 다른 종족들에게 일어나고 있는 상황과 크게 다르지 않은 장애들이 예상된다. 그러므로 그에 대해 좀 더 구체적으로 정리해 본다.

힌두교와 세계관의 저항

타문화권에 복음을 전하는 데에 있어서 종교적 혹은 세계관적 장애는 그 어떤 장애보다도 극복하기가 쉽지 않다. 각 종교가 가지는 중요한 종교적 용어나 그 용어의 개념의 차이 때문에 회심한 후에도 오랫동안 그 신앙인을 괴롭힐 수 있다. 그러한 차이는 메시지의 전달과 그 메시지에 대한 해석에도 심각한 문제를 일으킬 수 있다.

172 Donald A. McGavran, *Ethnic Realities and the Church* (Pasadena: William Carey Library, 1979), 28.

예를 들어, 기독교인에게 "죄"는 하나님의 도덕적 율법을 어기거나 아니면 그의 본질적 성품에 어긋나는 어떤 것을 의미하지만, 힌두교인에게 죄는 사회적 혹은 카스트 제도의 법규를 위반하는 것을 의미할 것이다. "새로운 탄생"(중생)이 기독교인에게는 그리스도 안에서의 생명을 의미한다. 반면 힌두교인에게는 그것이 "환생"을 의미한다. 성경의 "구원"이 '죄의식과 죄의 능력으로부터의 해방'과 '하나님과의 화해'를 보여주는 것이다. 하지만, 힌두교인이나 불교인에게 구원은 '업보로부터 탄생과 환생의 순환으로부터 해방되는 것'을 의미한다.[173] 이런 차이는 단순히 종교적인 장애뿐만이 아니고 세계관의 차이를 가져오기 때문이다. 따라서 새롭게 기독교 신앙을 가진 사람에게 정신세계와 삶의 모든 영역에서 영향을 끼치고 때로는 혼란을 가져오게 할 것이다.

Bagdi 종족은 힌두교 세계관의 영향력에서 살아온 사람들이다. 그들의 세계관에는 몇 가지 중요한 것들이 있다. "세계에는 하나의 통합된 실재만이 존재한다는 일원론(Monism: Bahman은 영원한 존재), 힌두교의 일원론으로부터 브라만을 창조의 총합체와 일치시키는 범신론(Pantheism), 힌두교의 일원론과 그 결과로 생긴 범신론으로부터 나온 다신론(Polytheism), 물리적 영역에서 도덕적 영역에 이르기까지 원인과 결과의 관계를 망라하는 업보(Karma)와 이생에서 행해진 것이 내세에서 거두어야 한다. 따라서 생각, 말과 행위에 따른 윤회(Samsara)와 업보의 바퀴에서 벗어나는 목샤(Moksha: 구원)"[174]라는 사상들과 관련되어 있다. 힌두교 세계관은 기독교 복음을 전파하는 일에 심각한 장애가 될 수 있다. 그러므로 Bagdi 종족에게 복음을 전하려는 사람은 그들 세계관에 대한 정확한 이해가 필요하다.

언어의 장벽

역시 미전도 종족 선교에서 가장 큰 장애 중의 하나는 언어의 장

173 John T. Seamands, 『타문화권 복음 전달의 원리와 적용』, 204.
174 John T. Seamands, 『타문화권 복음 전달의 원리와 적용』, 228-34.

벽이다. 인도 복음주의연합회는 "인도의 주요 언어는 25개이고, 414개의 주요 방언이 있으며, 1,652개의 언어가 있다."[175]고 밝히고 있다. 인도의 경우에 영어와 힌디어가 공식적인 언어이고, Bagdi 종족의 경우에 많은 사람이 힌디어를 사용하고 있다. 하지만 그들의 낮은 교육 수준은 그들의 공용어 수준이 일상적인 의사소통 수준이라는 점을 기억해야 한다. 예를 들어, 벵갈 지방의 신학교에서는 영어와 벵갈어가 사용되고 있다. 하지만 학생의 대부분은 또 다른 종족의 언어가 그들의 사실상의 모어이다. 그러므로 영어나 벵갈어를 사용하는 학생의 언어 수준이 생각보다 높지 않다.

Bagdi 종족의 다수가 국가어인 벵갈어를 알아들을 수 있지만, 의사소통하는 내용을 마음속에까지 깨닫는 것은 아니다. 왜냐하면 인간은 그의 모어를 사용할 때만이 개념과 원리와 깊은 뜻까지 이해할 수 있게 되기 때문이다. 모어는 그의 정체성은 말할 것도 없고 그의 가치관과 세계관에도 직접적으로 연관되어 있다.

그런 점에서 사역자의 사역 언어가 Bagdi 종족 언어이거나 혹은 사역자 중의 적어도 한 사람은 Bagdi 종족의 모어를 사용함이 중요한 요건일 수밖에 없다. Lamin Sanneh는 선교에서 모어 사용의 이슈를 다루면서 모어로의 성경번역이 선교지에서의 서구화와 식민지주의에서 벗어난 토착적인 신앙을 갖게 하는 일에 결정적임을 지적하고 있다.[176] 그러므로 Bagdi 종족을 위한 사역자의 모어 사용 문제는 그 어떤 문제보다도 심각하게 고려되어야 할 문제이다.

사회적 전통이 주는 장애

인도의 가장 심각한 사회적 문제는 상기했던 바와 같이 카스트 제도로서 그 제도는 브라만, 크샤트리아, 바이샤, 수드라 계층으로 이뤄져 있다. 여기에 속하지 못하는 사람들은 "불가촉천민"[177]

175 전호진, 『인종갈등의 시대와 미전도 종족 선교』, 45.
176 Lamin Sanneh, 『타문화권 복음 전달의 원리와 적용』, 123-25.

(The Untouchable)이라 불리는데 그 수가 약 1억 5천만으로 추산되고 있다. 그들의 신분은 전통적으로 계승되며 그들 대부분 직업은 세탁업, 동물 가죽 취급자, 제화 및 수선, 악단 종사자, 도살업자, 어부, 청소부, 화장터 종사자 등이다.[178]

인도의 강한 카스트 제도는 계급 간의 교류는 말할 것도 없고 복음 전파도 거의 불가능하다. 현재 인도의 기독교 신자는 주로 하층 계급의 사람들이다. 또는 아쌈이나 미조 등과 같은 비힌두교 부족 가운데서 집단개종으로 기독교인이 된 사람이다. 그리고 지금도 기독교 복음에 대해 수용도가 높은 인도인은 하류 계층, 소외된 계층, 비힌두교인이다.[179] 그런 점에서 인도에서 카스트 제도를 넘어서는 복음 전파는 강력한 저항에 부딪힐 수밖에 없다.

Bagdi 종족은 오랫동안 불가촉천민 계층으로 차별을 받으며 살아왔다. 그래서 그 사람들의 마음속에는 여전히 깊은 상처와 아픔이 고스란히 녹아 있음을 인터뷰를 통해서 엿볼 수 있었다. 그러한 이유로 그들에게 접근하는 사람은 그들의 낮은 자존감과 외부 세력에 대한 배타적인 심리에 대한 정확한 이해가 필요하다. 그러한 이해 없이 Bagdi 사람에게 복음을 가지고 접근하는 것은 안타깝게도 비효율적인 것이 될 것이다.

경제적 빈곤이라는 늪

모든 미전도 종족에게 복음을 전하는 일에 있어서 현실적인 어려움은 그들의 극심한 가난과 부의 편중과 관련되어 있다. 그들의 낙후된 산업과 질 낮은 삶 또한 가난의 문제와 직결되어 있다. 그래서 우리가 오랫동안 다투어 온 "복음이 먼저냐, 빵이 먼저냐"의 논쟁을

---

177 본래 "불가촉"(the untouchable)이라는 말은 '더러움'을 뜻하며, '영원히 오염된 자'를 의미한다.

178 전호진, 『인종갈등의 시대와 미전도 종족 선교』, 44.

179 전호진, 『인종갈등의 시대와 미전도 종족 선교』, 45.

피해갈 수 없게 된다. 일반적으로 가난한 사람들이란 "건강이 좋지 않으면서 문맹이거나, 교육을 받지 못한 사람들로서 생존에 필요한 식량과 의복, 거처할 곳이 없는 사람들"[180]이라고 정의된다. 이처럼 기본적인 생존권이 보장되지 못하는 사람들에게 영적인 복음을 전할 때 가난의 문제는 심각한 장애로 작용할 수밖에 없을 것이다.

Bagdi 종족과 심층 인터뷰를 실행했던 모든 연구자의 인터뷰 기록에는 빠지지 않고 언급되는 내용이 있다. Bagdi 종족은 극심한 가난으로 인해 문화적, 사회적, 교육적 혜택을 받지 못하고 있다. 더군다나 그들의 대부분이 정부에서 시행하고 있는 경제적 혜택의 확산 정책이 그들에까지 미치지 못하고 있다. 그들의 당면한 문제들은 바로 그 가난 문제에서 비롯된 것이 절대적으로 많은 것이 사실이다. 그들이 하층민으로서 대접을 받지 못하고 있고 가난하기에 적절한 교육도 받지 못하고 있다. 그래서 좋은 직업을 얻을 수 없고, 결과적으로 가난의 굴레에서 벗어날 길이 없다. 많은 부모는 자신들의 자녀만큼은 그러한 가난과 무시당하는 굴레에서 벗어나길 간절히 원하여서 교육에 힘을 쏟아보려고 한다. 그들이 처해 있는 상황과 극심한 가난은 그들에게서 좀처럼 떠나지 않고 있다.

그런 점에서 그들에게는 복음과 함께 그들이 자립할 수 있다. 최소한의 경제와 문화생활을 누릴 수 있는 지역사회 개발이 병행되어야만 할 것이다. 시간이 걸린다고 하더라도, 그리고 그들의 자존감이 회복되는 일은 쉬운 일은 아니다. 그럴지라도 사회와 문화와 교육에 필요한 최소한의 경비가 조달될 수 있는 지역사회 개발이 복음 전파와 함께할 때 그들도 장래에 대한 소망을 가질 수 있다.

도시화[181]와 도시 빈민

180 Stan Rowland, 정길용 역, 『21세기 세계선교의 새로운 패러다임』 (서울: 이레닷컴, 2003), 68.

181 "도시화"는 일반적으로 '도시의 인구가 증가하거나 거주 인구 비율

도시화는 인도만의 문제가 아니다. 인간 사회의 산업화 이후 도시화는 전 세계 어느 곳에서나 계속해서 일어나고 있기 때문이다. 2022년 세계 인구는 79억을 넘었고 그중에서 76%의 사람들이 도시에 사는 것으로 집계되고 있다.[182] 그렇다면 세계 인구의 4분의 3이 도시에 살고 있다. 1975년 이후 도시 집중화 비율은 두 배로 증가했으며, 백만이 넘는 도시와 거대도시의 수는 세 배로 증가했다. 인구 5백만이 넘는 메가시티와 대도시는 71개에 이른다.[183]

세계 인구 대국 2위인 인도 또한 도시화는 계속해서 가속되고 있다. "인도는 최근 급속한 경제성장과 더불어 도시화가 급진전하면 2050년에는 도시 인구가 현재보다 2배 이상 많아질 것으로 전망"[184] 되고 있다. 다른 대부분의 나라처럼 인도의 빠른 도시화는 많은 문제를 낳고 있다. 그것은 만연하는 빈곤과 실업, 취약한 공중보건과 생활 및 낮은 교육 수준 문제, 혼잡한 대중교통, 도심의 열악한 슬럼화 등과 같은 것이다.

도시에는 농촌이나 어촌이나 산촌에 비해 많은 인구가 좁은 공간에 밀집해서 살기 때문이다. 따라서 그들의 직업, 사회적 지위, 인종, 경제적 지위, 취미 등에 있어서 서로 이질적일 수밖에 없게 된다. 그렇다 보니 도시인들의 인간관계는 대부분 피상적이고 일시적이며 익명을 띠는 경우가 흔하다. 또한 도시인들의 특성은 다른 사람의 일에 비교적 무관심하고 사생활(privacy)을 존중하는 경향이 있다. 경쟁심이 심화하는 관계가 일반적이다. 또한 도시에 있어서는 개인의 이

이 높아지는 현상'을 말한다.

182 "Global Statistics," https://joshuaproject.net/people_groups/statistics. 통계에 따라서는 56%로 잡는 통계도 있다. 그래도 반 이상이 도심에 살고 있으며 나라마다 상황은 다르지만, 도시화는 가속되고 있다.

183 Atlas of the Human Planet, 2019; doi; 10. 2760/445233. "Global Statistics," https://joshuaproject.net/people_groups/statistics.

184 조충제, 이순철, 이정미, 『인도의 도시화와 한인도 협력 방안』 (대외경제정책연구원, 2017), 12.

동이 비교적 심하기에 개인들은 집단이나 공동체로부터 분리되는 성향도 갖는다. 도시인들은 개인적인 접촉보다는 대중매체에 더욱 의존하게 되며, 평소에는 정치적으로 무관심하다가 불만이 축적되면 대중운동에 쉽게 참여하기도 한다. 도시인들은 또한 공간보다는 시간에 의해서 그들의 일상 활동이 더 많이 통제되고 통합되기 때문이다. 따라서 지연보다는 시간관념이 매우 강해진다.[185] 우리는 도시 사람이 갖는 그런 성향을 "도시성"(ubanism)이라고 한다. 문제는 그것이 도시에 사는 사람들의 성향을 바꾸어 놓는다는 데 있다.

Bagdi 종족 또한 많은 사람이 자신들의 풍요로운 삶이나 아이들의 교육을 위해 도심으로 이주하고 있다. 그러나 불행하게도 그들의 바람과는 관계없이 많은 사람이 빈민촌에서 어렵게 살거나 슬럼가에서 불가촉천민들이 할 수 있는 직업에 종사하며 살아가는 경우가 허다하다. 이러한 문제는 인도 전체 문제이면서 Bagdi 종족의 심각한 사회문제라고 할 수 있을 것이다.

박디 종족 선교의 가능성

인도의 Bagdi 종족은 상기했던 것처럼 오랫동안 박해와 무시를 당해왔던 사람들이다. 그들은 여러 곳에 흩어져 살고 있지만 어디서나 기본적으로 그들만의 공동체를 형성하여 살고 있다. 그런데 그들에게 선교 기지 방법론을 사용한다면 일시적으로는 선교의 효과를 낼 수는 있다. 하지만 자발스럽고 재생산이 가능한 교회 공동체 발전으로의 성과는 기대하기 어려울 것이다.

McGavran은 인도에서 선교 사역을 하면서 집단개종을 그의 주요 선교 이론으로 발전시키는 공헌을 했다. 물론 집단개종이 명목상의 신자를 양산할 수 있는 함정이 있을 수 있다. 그러나 그는 1930~1950년에 걸쳐 미국의 감리교 교단 선교사인 피켓과 더불어

185 https://ko.m.wikipedia.org/wiki.

동질집단 종족을 대상으로 집단개종을 하여 그 이론을 발전시켰다.

그의 그러한 선교 방법론은 다음의 세 가지로 요약할 수 있다.[186] 첫째로는 동질집단(Homogenous Unit)에게 접근하라는 것이다. 둘째로는 수용성(Receptivity)의 원리이다. 그것은 어떤 동질집단은 복음을 잘 받아들이지만 다른 동질집단은 복음에 저항적일 수 있다는 것이다. 셋째로는 복음의 수용성이 높은 동질집단을 대상으로 집단개종(People Movement)을 시도할 수 있다.

그러면 Bagdi 종족에게는 집단개종이 가능할 것인가? 일반적으로 모든 사회에서의 일반적인 의사소통의 특징은, "개인적인 친분에 기초를 두고 있다. 우선 접근할 수 있는 사람들은 그들의 가족 집단에 효과가 있다. 새로운 생각이 내부적으로 확산할 수 있는 시간이 필요하다. 믿음이나 행동 변화를 가져올 수 있는 도전은 사회적으로 그러한 결정을 내릴 수 있는 사람들이나 집단에 해야 한다."[187]

그러므로 위에서 살펴보았듯이 집단개종의 가능성은 그 종족의 복음에 대한 수용성에 달려 있다고 할 수 있다. Bagdi 종족은 몇 가지 점에서 복음에 대한 수용성이 높을 가능성이 있고 조사자들의 조사에서도 그러한 면이 잘 드러났다. Bagdi 종족은 불가촉천민으로서 오랫동안 소외계층으로 살아왔다. 억압과 무시를 장구한 세월 동안 받아왔기 때문에 복음의 수용성이 높다.

또한 그들은 급속한 사회적 변화와 생계를 위해 이동이 많았기 때문에 복음에 대해 수용적이다. Bagdi 종족은 지금도 여전히 시골에서 사는 사람들도 있다. 하지만 젊은이들을 중심으로 생계유지와 자신이나 아이들 교육을 위해 도시로 이동했기 때문에 복음에 대한

186 전호진, 『인종갈등의 시대와 미전도 종족 선교』, 158-61.

187 Ralph D. Winter & Steven C. Hawthorne, 『퍼스펙티브스 2권, 문화적 전략적 관점』, 156.

수용성이 높다고 할 수 있다. 그들은 도시에 살면서도 여전히 동질 집단의 특징을 그대로 보존한 공동체로 남아 있는 경우가 많다고 할 수 있다. 그러므로 그들이 갖는 특별한 사회 구조는 그들의 의사소통 구조에도 큰 영향을 끼치고 있다. 그들의 의사소통은 "수평적이고 상호적인"[188] 특징을 가지고 있다. 인도의 전체 사회의 구조는 계층적이지만 Bagdi 종족 사회 안에서는 동등성, 수평성, 상호성이 유지되고 있다.

Bagdi 종족은 상당히 많은 사람이 생계나 아이들의 교육을 위해서 도시에 나와서 살고 있다. 하지만 그들의 삶의 수준은 여전히 낙후되어 있다. 그런데도 그들에게는 여전히 집단의식과 집단 거주가 중요한 사회정신을 이루고 있다. 그런 점에서 Bagdi 종족의 집단개종은 경제적, 문화적 혜택을 더 받는 다른 계층의 사람들보다 훨씬 가능성이 크다고 할 수 있다.

박디 종족 및 세계 미전도 종족 선교전략 제안

종족 선교 운동 방법론의 사용

그들에게 가장 적합하고 효과적인 선교전략은 종족 중심 선교 방법론이라고 할 수 있다. Bagdi 종족은 여러 곳에 흩어져 살고 있다. Bagdi 종족만의 강력한 공동체를 이루고 있지는 않은 상황이다. 그러므로 그러한 종족을 위한 선교 기지나 선교 센터를 건립하고 그곳을 중심으로 선교사역을 전개하는 것은 효과적일 수 없을 것이다.

따라서 Bagdi 종족과 같은 사람을 위한 효과적인 선교 방법론은 그 종족 중에서 이미 개종한 사람을 중심으로 종족 선교 운동을 일으키는 것이다. 이미 개종한 사람을 제자 양육함으로 그들 스스로 소규모 공동체를 만들어 가는 방법을 사용하는 것이 효과적이다.

---

188 Ralph D. Winter & Steven C. Hawthorne, 『퍼스펙티브스 2권, 문화적 전략적 관점』, 154.

McGavran은 종족 선교 운동이 갖는 유리한 점 중에서 무엇보다도 각 종족에 뿌리내린 교회들이 자체적으로 갖게 되는 성장점에 주목하고 있다. 그러면서 그는 종족 선교 운동은 다음과 같은 장점이 있다고 주장한다. 그의 지적을 요약하면서 필자가 설명을 추가했다.[189]

첫째로, 종족 단위의 선교 운동이 일어나게 되면 각 마을 곳곳에 영속적인 교회가 뿌리를 내리게 될 것이다. 그래서 자발적인 팽창을 기대할 수 있다. 둘째로, 종족 선교 운동은 복음을 전해준 문화나 그 종족에게 큰 영향을 주는 타문화권 교회로 종속된다. 지배되기보다는 그리스도의 복음이 자신들의 전통과 문화에 자연스럽게 토착화될 수 있게 된다.

셋째로, 종족 자체 내에서 영향력 있는 지도력이 양성되어 그 종족의 교회들이 내적으로 외적으로 성장할 수 있게 된다. 그들 스스로 지도력이 세워지지 않으면 제대로 된 이양은 불가능하다. 계승할지라도 무너질 수밖에 없다. 넷째로, 종족 선교 운동은 그 내부에 성장 지점을 가지고 있다. 따라서 계속으로 무한한 성장 가능성을 가지게 된다. 마지막으로, 기독교 지도력에 대한 종족 중심의 건전한 본보기를 만들어주게 된다. 종족 단위 중심의 선교 운동은 이와 같은 장점들을 갖고 있어서 그 선교 운동을 추구하는 것이 부족 선교에서 장기적으로는 매우 유용한 방법론이 될 수 있을 것이다.

Rolland Allen은 바울의 선교 방법론을 논하면서, "바울과 우리 사이의 가장 현격한 차이는, 우리는 '선교본부'를 설립했지만, 그는 '교회'를 세웠다는 점"[190]이다. 우리가 선교 기지나 선교본부를 설립한다면 사람들을 그곳으로 찾아오게 하는 것이다. 하지만 우리가 그들을 찾아가서 교회를 설립한다면, 그들에게 자체적인 종족 선교 운동을 일으키게 할 수 있을 것이다. 그래서 Allen은 바울이 그의 선교 방법

189 Donald A. McGavran, 『하나님의 선교 전략』, 120-25.
190 Roland Allen, 『바울의 선교 vs. 우리의 선교』, 136.

론으로서 종족 교회 운동을 펼쳤다고 주장하고 있다.[191] 바울은 그의 선교 여정에서 어떤 지역에 도착하게 되면 그곳 사람들에게 그리스도의 복음을 전했다. 새롭게 신자가 된 사람들을 위한 선교 기지를 만들거나 바울 중심의 기반을 만들지 않았다. 그는 오히려 새로운 신자가 신앙의 필수적인 요소들을 배우도록 했다. 그렇게 만들어진 공동체를 통해 즉시 자치적이고 자립적인 교회가 운영되게 했다. 그리고 그는 그곳을 떠났고, 그 교회가 성령의 능력으로 자발적으로 힘 있게 자라도록 했다.

Bagdi 종족에게 효과적이고, 꼭 필요한 선교 방법론은 종족 중심의 선교 운동을 일으키는 것이다. 기독교 역사에서 "가장 중요한 기독교 운동이 바로 동일 집단의 사람들에 의해 토착교회가 세워지므로 이뤄졌다."[192]라는 사실을 기억해야 한다. 이 일을 위해서는 센타를 세우고 선교 기지를 구축하는 것보다 이미 나온 신자들을 중심으로 제자 양육을 통해서 그들에게 말씀이 들어가도록 하는 일이 더 중요하다. 그들이 스스로 교회 공동체를 세워서 운영할 수 있도록 뒤에서, 그리고 옆에서 적극적으로 돕는 방법이 되어야만 한다.

그들에게 영속성이 있는 선교 운동은 "거듭난 그리스도인들이 새롭게 배운 가치관과 기술을 그들 스스로 다른 사람들에게 가르쳐야겠다고 결심"[193]할 수 있도록 그들을 성장시키는 것이라고 할 수 있다. 외부인 의존적인 교회 개척과 양육은 처음에는 그들에게 어느 정도 도움이 될 수 있다. 하지만, 그들이 그 일을 스스로 할 수 있도록 키워내지 못하게 될 때 자립적인 기독교 공동체 설립은 영원히 어렵게 될 가능성이 크다.

성육신 원리의 사용

191 Roland Allen, 『바울의 선교 vs. 우리의 선교』, 155-73.
192 Ralph Winter, 『랄프 윈터의 비서구 선교운동사』, 80.
193 Stan Rowland, 『21세기 세계선교의 새로운 패러다임』, 108.

예수님께서 제자들을 세상에 보내시면서 하셨던 말씀은 선교의 방법론에서 아주 중요한 원칙을 제공하고 있다. "아버지께서 나를 보내신 것같이 나도 너희를 보내노라"(요 20:21)의 참된 의미는 "그는 근본 하나님과 본체시나 하나님과 동등 됨을 취할 것으로 여기지 아니하시고 자기를 비어... 자기를 낮추시고"(빌 2:6, 7)와 함께 성육신 선교 원리의 핵심을 보여주고 있다. 그분은 인간 세계에 오셔서 인간을 구원하시기 위해서 하나님의 아들로서의 신분과 특권과 권세를 "포기"[194]하셨다. 독립심과 면제받는 특권까지도 모두 유보하셨다.

또한 예수님은 종이 되기까지 섬기는 자세를 보이셨고 인간과 완전히 "동일화"[195]하셨다. 인간처럼 시험과 고난을 받으셨고 죽음을 맛보셨다. 다른 말로 한다면, 예수님은 우리 "인간과 온전한 일체감"[196]을 가지셨다. 그분은 "모든 일에 우리와 같이 시험을 받은 자로되"(히 4:15), "간고를 많이 겪었으며, 질고를 아는 자"(사 53:3)로 사셨기 때문이다. 우리는 예수님께서 "인간의 문화와도 일체감을 가지셨다."[197]는 사실에도 주의를 기울일 필요가 있다. 왜냐하면 그분은 온전한 유대인으로 태어나셨고 그들이 언어와 문화 속에서 성장하셨고 사셨기 때문이다.

예수님께서는 자신의 제자들에게 복음을 전하도록 보내시면서 하나님께서 자신을 보내신 것 같이 제자들을 보내신다고 말씀하셨다. 그렇다면 주님의 제자 파송은 하나님께서 예수님께 들려 보내신 메시지와 하나님의 보내신 방법이 같아야 함을 말씀하신 것이다. 그런 점에서 예수님의 "성육신 원리"는 주님의 제자들이 세상에 나갈 때

---

194 Ralph D. Winter & Steven C. Hawthorne, 『퍼스펙티브스 2권, 문화적 전략적 관점』, 101.

195 Ralph D. Winter & Steven C. Hawthorne, 『퍼스펙티브스 2권, 문화적 전략적 관점』, 101.

196 John T. Seamands, 『타문화권 복음 전달의 원리와 적용』, 136.

197 John T. Seamands, 『타문화권 복음 전달의 원리와 적용』, 137.

들고 나가야 할 선교 원리요 선교 방법론이 될 수밖에 없다.

그런가 하면 예수님의 성육신 원리는 다른 중요한 선교 원칙도 가르쳐 주고 있다. 그것은 바로 예수님께서 "무기력한 아기로 오셨다."라는 사실과 예수님께서 "학습자"(Learner)[198]로 오셨다는 사실이다. 모든 선교사는 다른 문화권에 들어갈 때 예수님께서 성숙한 어른이나 왕족이나 우월한 문화권의 전문가로 오신 것이 아니며, 다른 사람의 도움 없이는 생존하실 수 없는 아기로 오셨음을 반드시 기억해야 한다. 그리고 예수님께서 인간의 언어나 문화에 대한 지식을 가지고 태어나신 것이 아니고, 30년 동안 인간의 언어와 문화와 인간의 삶에 대해 학습자로 오셔서 그 모든 것을 배우셨음에 대해서도 기억해야 한다. 그러므로 성육신 원리가 "초문화 사역에서 필수적인 이유는 문화학습과 문화인식의 성격"[199]에서도 찾을 수 있다.

또 예수님의 성육신 원리는 1659년 로마의 교황청에서 중국으로 간 가톨릭 선교사에게 보낸 편지를 상기시킨다. "사람들의 풍습과 관습, 관행을 바꾸는 것을 여러분의 일로 간주하지 마시고, 사람들이 그런 압력을 받지 않도록 하시기 바랍니다. 종교와 건전한 윤리에 확실히 어긋나지 않으면 말입니다."[200] 선교사는 그들의 풍습과 관습과 관행을 바꾸러 들어간 사람이 아니다. 오히려 그것들을 배우려는 자세를 견지하면서 그들을 영원한 진리로 인도하는 사람이다.

무엇보다도 우리는 그분의 성육신을 통해서 동일시 원리의 효용성과 능력을 우리들의 삶과 사역에서 체험할 수 있어야 한다. 우리가 예수님의 성육신적 사역에 대해 깊이 이해하고 그것을 실천

---

198 Sherwood Lingenfelter & Marvin K. Mayers, 왕태종 역, 『문화적 갈등과 사역』 (서울: 죠이선교회, 2003), 14.

199 Sherwood Lingenfelter & Marvin K. Mayers, 『문화적 갈등과 사역』 19.

200 Phil Parshall, 채슬기 역, 『무슬림 전도의 새로운 방향』 (서울: 예루살렘, 중동선교회, 2003), 130.

하기 위해서는 그들의 문화에 대해서 "내부자적 관점"[201](emic view)를 갖는 것이 무엇보다 필요하다. 우리가 다른 문화권의 사람들과 그들의 행동에 대해서 제대로 이해하기를 원한다면 무엇보다도 그들의 사고와 세계관을 제대로 이해해야 한다.

성육신적 사역은 예수님께서 보여주셨던 것처럼 사역자가 자신을 그들과 동일시함으로 사역하는 것을 의미한다. 그들의 처지에서 생각하고, 그들의 세계관에서 그들을 이해함으로 그들에게 맞는 그들 중심의 사역을 하는 것을 의미한다. 그러나 성육신적 사역의 의미는 선교가 최종적으로 "시작부터 마지막까지 하나님의 사역"[202]이라는 사실을 인정하는 것이다. 선교사역에서 주님이 빠져 있다면 선교사, 선교사가 전하는 메시지, 선교사의 동일시는 의미를 잃고 말 것이다.

또한 주님의 복음을 통한 우리 자신의 변혁은 개인적으로는 그리스도를 닮은 새로운 피조물이 되는 것이어서 삶의 전체가 변화되는 것을 말한다. 더 나아가 그 개인들이 속해 있는 구조의 변혁을 수반하게 되어 있다. 개인이 속해 있는 구조의 변혁은 신앙 공동체인 교회의 변혁은 말할 것도 없다. 그 개인이 속해 있는 사회의 변혁까지를 포함하는 것이어야 한다. 그래서 교회에서 시작된 변혁은 사회적 질서의 변혁까지 그 영향을 미쳐야 한다. 우리는 "교회가 존속하고자 한다면, 교회의 사회, 문화적 구조가 변혁되어야 한다."[203]

---

201 이것은 본래 언어학의 phonetic(음성학적)과 phonemic(음운론적)에서 나온 것으로 phon-을 뺀 etic과 emic에 view를 붙여 만들어졌다. 음성학이 음성의 외부적인 면(물리적인 소리)을 다룬다면 음운학은 음성의 내부적인 면(소리의 법칙)을 다룬다고 볼 수 있어서 etic view가 외부자적 관점이라면 emic view는 내부자적 관점을 말한다. 이것은 Headland, Thomas N., Kenneth Pike and Marvin Harris eds. *Emics and Etics: The Insider/Outsider Debate* (Newbury Park, Calif.: Sage, 1990)에서 자세한 설명을 볼 수 있다.

202 Paul G. Hiebert & Eloise Hiebert Meneses, 『성육신적 선교사역』, 419.

203 Paul G. Hiebert, & Eloise Hiebert Meneses, 『성육신적 선교사역』, 421.

는 사실을 간과해서는 아닐 될 것이다.

Bagdi 종족에게 나가는 사람은 그들의 기득권과 특권을 유보하고 그들처럼 되려는 자세로 나아가야 선교 커뮤니케이션에 성공할 수 있을 것이다. 그들에게 들어가서 그들을 주님의 제자로 삼으려는 사람은 그들과 함께 살면서 자신의 가진 것을 내려놓고 그들처럼 살면서 관계를 맺고 그들에게 말과 행동으로 복음을 전해야 한다. 그래야 주님의 성육신적 선교 원리를 실천할 수 있다.

구전 문화권에 맞춘 수용자 중심의 성경 이야기 전달

마가복음 4:1-2, 10-12, 33, 34a에 나타난 예수님께서 사용하셨던 사역 방법과 가지셨던 태도를 정리해 볼 필요가 있다. 그곳에서 예수님의 또 다른 선교 원리를 발견할 수 있기 때문이다.

> 예수께서 다시 바닷가에서 가르치시니 큰 무리가 모여 들거늘 예수께서 바다에 떠 있는 배에 올라앉으시고 온 무리는 바닷가 육지에 있더라. 이에 예수께서 여러 가지를 비유로 가르치시니 그 가르치시는 중에 그들에게 이르시되(막 4:1, 2).
> 예수께서 홀로 계실 때에 함께 한 사람들이 열두 제자와 더불어 그 비유들에 대하여 물으니 이르시되 하나님 나라의 비밀을 너희에게는 주었으나 외인에게는 모든 것을 비유로 하나니 이는 그들로 보기는 보아도 알지 못하며 듣기는 들어도 깨닫지 못하게 하여 돌이켜 죄 사함을 얻지 못하게 하려 함이라 하시고(10-12).
> 예수께서 이러한 많은 비유로 저희가 알아들을 수 있는 대로 말씀을 가르치시되 비유가 아니면 말씀하지 아니하시고(33, 34a).

이 말씀에서 드러나고 있는 예수님의 가르침과 선교 원리를 다음과 같이 정리할 수 있다.

첫째로, 예수님께서는 말씀으로 제자들과 많은 사람을 가르치셨다. 물론 예수님의 가르침의 수단이 직접적인 말씀이 아닌 모형이나 함께 행동하심으로 이뤄진 것도 많다. 하지만, 대부분의 예수님의 가르침은 구두적인 의사소통 방법으로 말씀을 가르치셨다.

둘째로, 예수님께서는 많은 비유를 사용하셔서 하나님 나라의 비밀에 대해 가르치셨다. K. R. Snodgrass[204]는 공관복음의 예수님 가르침 중에서 35%가 비유라고 말한다. 더군다나 누가복음의 경우에는 예수님 가르침의 52%가 비유로 되어 있다.

셋째로, 예수님께서는 그들이 알아듣는 방법으로 가르치셨다. 이것은 아주 중요한 원리를 포함하고 있다. 예수님께서는 수용자 처지에서 가르치셨다. 예수님께서 그렇게 많은 이야기를 사용하신 것은 그 당시 청중들의 상황과 깊은 관련이 있다. 그 당시 90% 이상의 사람들이 문맹이었을 것으로 보고 있다. 더군다나 그 당시 시골에서는 1% 미만의 사람만이 읽을 수 있었다. 어떤 동네에서는 단 한 사람도 읽을 수 없는 상황이었다. 그 당시 유대인의 단지 3% 미만이 읽을 수 있었다는 주장[205]은 결코 과장이 아닌 것으로 보인다. 그들이 알아듣는 방법으로 가르치셨다는 것은, 사역자들이 자신에게 편하고 익숙한 방법을 내려놓고 수용자들이 편하고 그들에게 익숙한 방법을 사용해야 함을 보여주고 있다.

넷째로, 예수님께서는 듣는 자들의 능력에 맞추어서 가르치셨다. 예수님께서는 사람들을 가르치실 때 그들의 수준에 맞추어서 그들이 알아들을 수 있도록 가르치셨다. 이것은 가르치는 자가 가르침을 받는 자들이 어떤 것을 알고 있고, 어떤 것을 모르고 있으며, 어떤 것을 알아들을 수 있고 그렇지 않음을 알아야 함을 의미한다.

---

204 K. R. Snodgrass, *Stories with Intent - A Comprehensive Guide to the Parables of Jesus* (Grand Rapids: William B. Eerdmans Publishing Company, 2008), 22.

205 Meir Bar-Ilan, "Essays in the Social Scientific Study of Judaism and Jewish Society," *Illiteracy in the Land of Israel in the First Centuries,* II: 46-61.

그러므로 Bagdi 종족을 위한 미전도 선교전략은 그들이 구전 문화권임을 인식하고 그들에게 맞춘 수용자 중심의 성경 이야기 중심의 사역이 필요하다. David Barrett은 아프리카의 성공적인 독립 기독교 운동을 보면서 하나의 공통분모가 있음을 발견했다.[206] 그것은 바로 그들이 자기들의 모어로 번역된 성경을 가지고 있었다는 점이었다. 그것은 당연한 일일 것이다. 기독교는 말씀의 종교, 성경의 종교이기 때문이다. 자기들의 모어로 번역된 성경이 있는 독립교회의 지도자들은 더는 백인의 도움을 필요하지 않았다.

그런데 수백 년을 문맹인으로, 구전적으로 살아왔던 사람들에게는 성경이 번역된다고 하더라도 그 성경 말씀이 모든 신자에게 읽히고 전달되기가 쉽지 않다. 그들의 모든 의사소통과 교육이 구전적으로 이뤄지기 때문이다. 그러므로 Bagdi 종족처럼 국가어를 사용할 수 있으면서도 마음의 언어와 생각이 모어로 이뤄지는 사람들에게는 구전적 성경인 성경 이야기 사역이 훨씬 효과적이고 많은 열매를 기대하는 방법이다.

삶의 현장에 찾아가는 선교 방법론

주님의 제자라면 누구나 주님의 지상명령에서 4가지 명령어에 관심을 둔다. 그것은 "가서 ... 세례를 주고 ... 제자를 삼고 ... 가르쳐라"는 것이다. 물론 우리는 그 명령어 중에서 "제자를 삼으라!"라는 명령이 핵심적이며 종국적인 명령이다. 그 말은 제자 삼기 위해서 가야 하며, 제자 삼기 위해서 세례를 주어야 하고, 제자 삼기 위해서 그들을 가르쳐야 함을 뜻한다.

그러나 그 모든 과정은 무엇보다도 "가라"라는 명령으로 시작될 수 있음도 기억해야 한다. 이것은 우리가 지상명령을 수행하는 일에 있어서 우선되어야 할 원칙이 "가라!"라는 명령에 들어 있기 때문이

---

206 David Barrett, *Schism and Renewal in Africa: An Analysis of 6,000 Contemporary Religious Movements* (Nairobi: Oxford, 1968), 130.

다. 그래서 예수님의 지상명령은 '우리에게 와서 메시지를 들어라!'라기보다는 '세상으로 들어가라!'라는 것이다.

교회는 주일 예배를 중심으로 세워지는 일종의 수비적 교회가 아니다. 예수님께서 '가라!'라고 하신 말씀을 그대로 순종하는 공격적인 교회다. "그분은 사람들을 교회로 오라 하지 않고 사람들이 있는 곳으로 가서 교회를 세운다."[207]는 Neil Cole의 말이 설득력을 갖고 있다. 주님의 지상명령을 적극적으로 수행하기 위해서는 찾아가서 교회를 세우는 공격적인 순종이 필요하다.

그런 점에서 Bagdi 종족을 위해 교회를 세우고 그들에게 그곳에 찾아오라고 요청하는 방법보다는 그들에게 찾아가서, 그들의 공동체 안에서, 그들의 가정 가운데서 기독교 공동체를 만드는 것이 무엇보다도 효과적이다.

찾아가는 선교 방법론은 그들이 처해 있는 사회적 멸시와 경제적 가난 문제에 대한 해결책을 포함하는 것이어야 할 것이다. 사실상 성경은 가난을 예방하고 그것을 해결해 줄 수 있는 방법론도 가르쳐 주고 있다. 일하는 사람이 삯을 날마다 받도록 하거나(렘 19:9-10), 십일조를 가난한 사람에게 나누어 주는 일(신 14:28-29), 빌려준 돈에 대해 이자를 받지 않는 것(레 25:35-37), 되돌려 받으려는 기대 없이 주는 것(눅 6:30-36), 추수 시에 곡식 일부를 가난한 사람을 위해 남겨 놓는 일(레 19:9, 19), 희년에는 땅에 대한 모든 소유권을 돌려주는 것(레 25:25-30), 그 누구도 영원한 종이 되게 하지 말라는 것(신 15:12-15)과 같은 말씀이 한 공동체에서 어떻게 가난 문제를 대처할 수 있는지에 대한 통찰력을 주고 있다.

지도자나 훈련자가 그곳 지역의 "사람들의 가정을 방문하는 것은 매우 중요하다. 가정 방문을 통해 실제 생활 상태를 관찰할 수 있고

207 Neil Cole, 정성묵 역, 『오가닉 처치』 (서울: 가나북스, 2006), 14, 44, 46.

현장에서 의미 있는 교육이 이루어지기 때문이다."[208] 찾아가는 선교, 찾아가는 사역의 중요성이 바로 여기에 있다. 그들이 섬기는 사람들의 실제 가정과 실제 삶의 현장을 방문하지 않고 그들 중심의 의사소통이나 사역을 하는 것은 불가능하기 때문이다.

또한 찾아가는 선교 방법론은 "지역사회의 건강 관리에 있어서도 지역 주민들을 의료 센타로 나오게 하는 것보다는 의료진이 지역사회에 들어가서 의료 서비스를 제공"[209]하는 것을 포함한다고 할 수 있다. 이 일을 위해서는 복음을 전하고 말씀을 가르치는 사역자들과 의료나 그 외의 서비스를 제공할 수 있는 사역자들의 동역과 협업이 절대적으로 필요할 것이다. 그런 점에서 찾아가는 선교 방법론은 그들의 삶에 현장에 찾아가서 그들에게 맞는 선교 방법론을 구사하는 맞춤형 선교 방법론이 되어야 할 것이다.

박디 종족에 대한 도시 선교의 가능성

도시화(urbanization)가 사람들의 새로운 도시성(urbanism)을 만든다고 해서 그들을 향한 선교에 부정적인 측면만 있는 것이 아니다. 현대적인 도시에는 미전도 종족, 타민족이 함께 살고 있어서 미전도 종족이나 선교하기 다른 나라의 타민족에 대한 선교가 가능한 곳이 바로 도시이기 때문이다. "이제 많은 미전도 종족이 전 세계의 대도시들로 유입해 들어오고 있다. 그뿐만 아니라 그들은 복음을 받아들이는데 장애물이었던 지리적, 문화적, 언어적, 관계적 격차를 스스로 극복하려는 자세를 가지고 있다. 도시 속 문화와 언어를 생존과 성공을 위해 기꺼이 배우기 소원하며 열린 태도로 소통과 관계의 장으로 나아오고 있다."[210]

---

208 Stan Rowland, 『21세기 세계선교의 새로운 패러다임』, 113.
209 Stan Rowland, 『21세기 세계선교의 새로운 패러다임』, 37.
210 오영섭, "창의적인 플랫폼 선교, 도시선교," 『제1회 도시선교포럼』(비출판물: 랜드마커미니스트리, 2022), 19.

우리는 도시선교를 위해서 먼저 "도시화"와 "도시성"에 대해 깊이 이해할 필요가 있다. 사람들의 경제적인 이유, 질 높은 교육, 발전된 문화, 전문직을 통한 생업 등의 이유에서 도시에 모여드는 현상이 "도시화"(urbanization)이다. 그 도시화는 도시의 외적인 것에 초점을 맞추어 도시의 기원이나 역사, 발전, 도시의 구조나 기능과 같은 외적인 특징을 다루는 것이라고 할 수 있다. 그에 비해서 "도시성"(urbanism)은 도시나 도시에 사는 사람들의 내면적인 특징, 즉 도시에 사는 사람들과 그들의 관계, 그들의 사회에 대한 내적인 특징에 관심을 두는 것이라고 할 수 있다. 그러므로 도시성을 이해해야 도시에 사는 사람들에 맞추어 효과적으로 그들에게 접근할 수 있다. 그들에게 맞는 복음 전파 전략을 수립할 수 있다.

일반적으로 농촌은 가족과 씨족, 공동체와 전통을 중시하고 개인이 크게 부각하지 않는 특징을 가지고 있다. 하지만, "도시에서는 공공과 개인을 철저하게 구분하는 경향이 있다. 좀 더 많이 개인주의를 용납하는 성향이 있다. 개인이 집단보다 더 중시되며, 도시에서는 익명성으로 인한 전통과의 분리와 개인의 고립이 촉진되는 특징"[211]을 갖게 된다. 그 외에도 도시는 이질성, 익명성, 개인주의와 다원주의의 확산, 표면적이고 비인격적인 인간관계 성향, 개인의 고립화, 인간성 상실, 경쟁 심화, 속도 지향성 등과 같은 특징을 가지고 있다. 농촌이나 공동체가 강했던 곳에서 살다가 도시에 들어와 살게 되는 사람들은 도시 사람들의 그러한 성향으로 적응할 때 처음에는 고통을 겪는다. 하지만 시간이 지나면서 그러한 성향을 자연스럽게 적응한다.

그러므로 시골에서 혹은 다른 나라에서 도시에 진입하게 되면 여러 가지 어려움을 겪을 수밖에 없다. 그러한 상황이야말로 그 사람에게 복음을 소개할 수 있는 좋은 환경을 만들어 줄 수 있다는 것

---

211 김연수, "도시 선교의 패러다임에 대한 논찬," 『제1회 도시선교포럼』 (비출판물: 랜드마커미니스트리, 2022), 47.

이다. 이주한 사람들의 주류 사회로의 진입에서 겪게 되는 어려움을 김에녹은 다음과 같이 정리하고 있다.[212]

> 첫째로, 이주자는 새로운 도시로 이주하면서부터 삶의 기초를 다시 쌓아야 한다. 둘째로, 갑작스럽게 변한 문화적 환경으로 여성 이주자들이 어려움에 내몰리기 쉽다. 셋째로, 이주자는 부부간의 역학 관계에서도 여러 변화를 체험한다. 넷째로, 자녀 교육은 도시 이주민에게 크나큰 관심이면서 어려운 문제이기도 하다. 다섯째로, 세대 간 갈등도 도시 이주민의 큰 문제다. 여섯째로, 이주자를 괴롭히는 것은 '나는 누구인가?'라는 정체성에 관한 질문이다.

농촌이나 시골에서 혹은 다른 나라에서 도시로 이주한 사람들은 거의 비슷한 문제들을 접하게 된다. 그것은 새로운 환경에 적응해야 하는 문제, 부부와 자녀 간의 변화된 역학 관계에서 새로운 길을 모색해 가야 하는 문제, 그들의 생업과 아이들의 교육 문제, 그들 자신의 변화된 삶에서의 새로운 정체성 정립 문제 등이 바로 그런 것들일 것이다. 그러한 문제들은 그들이 항상 긴장감과 방어적인 자세를 갖게 만드는 경향이 있다. 그들은 알 수 없고 예측할 수 없는 불확실한 미래 때문에 살아남기 위해서 뭔가를 붙들기를 원하며 의지하기를 원하는 낮은 마음을 갖게 되는 경우가 많다고 할 수 있다.

그들이 겪게 되는 이러한 문제들은 그들이 삶의 각박함으로 내몰리게 만든다. 하지만 다른 한편으로는 그들을 어떤 부분과 영역에서 도울 수 있는지에 대한 통찰력을 주고 어떻게 접근하여 복음을 전할 수 있는지에 대한 돌파구를 제공해 줄 수 있다. 그들의 대부분은 그 어려운 과정에서 마음이 매우 낮아지게 되며 다른 사람의 따뜻한 도움의 손길과 사랑을 절실히 필요로 하기 때문이다.

---

212 김에녹, 『도시 선교전략 -민족 간의 공감대에 주목하라』 (서울: 죠이선교회, 2021), 38-40.

도시에 나와서 사는 Bagdi 종족도 크게 다르지 않다. 그들은 새로운 삶의 터전에서의 각박한 삶 때문에, 특히 생계와 아이들의 교육 문제 때문에 많은 고통을 겪으면서 적응해 나가게 된다. 더군다나 인도 사회의 카스트에 의한 차별은 그들이 직업 선택과 아이들의 교육 문제를 더 어렵게 만들고 있다. 바로 그 지점에서 그들에게 다가갈 수 있는 접촉점을 발견할 수 있는 것이다.

박디 종족에 대한 자신학화와 자선교학화를 통한 효과적인 선교

19세기 후반에 Rufus Anderson과 Henry Venn은 선교지에서 새롭게 세워지는 교회들이 진정으로 독립할 수 있도록 만드는 세 가지 원칙을 제안한 바 있다. 우리는 그것을 삼자원리(三自原理, self-supporting, self-propagating, self-governing)라고 부른다. 근대 개신교 선교에 큰 영향을 끼쳐왔던 훌륭한 원리들로 평가받고 있다.[213]

그런데 20세기 초반부터 서구 선교사들의 선교 현장이었던 아시아, 아프리카 그리고 라틴 아메리카 등의 비서구권 지역에서는 포스트 식민주의 (Post-Colonialism) 운동이 일어나게 되었다.[214] 서구의 제국주의적 식민주의에 반발하는 민족주의 운동과 반서구 기독교 운동이 일어나면서 그 나라들의 독립전쟁으로 이어지게 된 것이다. 그 결과 많은 서구 선교사들이 비서구지역으로부터 추방당하거나 철수해야 하는 상황이 되었다. 급기야는 1973년 WCC 방콕선교대회에서는 "선교사 모라토리움(Missionary Moratorium)"을 언급하는 상황까지 벌어지게 되었다.[215]

---

213 김연수, "자신학화와 자선교학화 이슈와 필요성," 『KWMA 제6차 세계선교전략회의』 (2014), 36.

214 David J. Bosch, *Transforming Mission* (New York: Orbis Books, 1992), 264-67.

215 Peter Beyerhaus, "Evangelicals, Evangelism and Theology," *Missiological Assessment of the Lausanne Movement, Evangelical Review of Theology, vol. 11* (April, 1987), 170-71.

그러한 배경으로 인해 비서구지역의 신생교회들은 이제는 서구 선교사들의 도움 없이 자력으로 자국에 교회들을 개척해야만 했다. 서구 선교사들이 사용했던 방법론이 아닌 스스로 교회를 세우며, 기독교를 재해석하기 시작했다. 그리고 오늘날에는 세계 기독교의 인구가 서구지역보다는 비서구지역에 더 많이 거주한다. 따라서 기독교가 서구 기독교인들이 해석하던 방식과는 다른 비서구인의 방법론으로 재해석할 수밖에 없게 되었다.

그렇게 급변화된 상황에 대해 선교인류학자 폴 히버트(Paul Hiebert)는 비서구권 기독교인들의 토착신학 개발의 필요성을 촉구하기 위해 개신교회 선교가 그동안 전통적으로 유지해 온 삼자원리에 덧붙여 "자신학화"(self-theologizing)라는 네 번째 원리를 추가할 것을 주장했다.[216] 거기에 다가 1999년 10월에는 브라질의 이과수 선교대회에서 윌리암 테일러(William Taylor)가 비서구권에서 토착적 선교신학 개발을 촉구하기 위해 "자선교신학화"(self-missiologizing)라는 다섯 번째 원리를 추가하게 되었다.[217]

그 점에서 볼 때 선교에 있어서 "자신학화나 자선교학화"는 일종의 "상황신학"(contextual theology)[218]이라고 할 수 있다. 그 신학은 복음과 일치해야만 되는 "동일시 표준"(criterion of identity)과 그들의 문화에 적합해야만 하는 "상관성 표준"(criterion of relevance)을 동시에 만족시켜야만 하는 것이다.[219]

---

216 Paul Hiebert, *Anthropological Insights for Missionaries,* 193-224.

217 William D. Taylor, "From the Iguassu to the reflective practitioners of the global family of Christ," *Global Missiology for the 21st Century*, ed. By William D. Taylor (Grand Rapids: Baker, 2000), 6.

218 개혁신학은 하나님 말씀의 절대적인 권위를 부정하는 상황신학을 인정하지 않지만, 성경의 절대적인 권위를 인정하면서 효과적인 복음 전달을 위해 문화적인 상황화에 대해서는 인정하고 있다.

219 김연수, "자신학화와 자선교학화 이슈와 필요성," 38.

우리가 복음이라는 절대 진리와 상황에 맞는 복음 전달 관점에서 볼 때 "상황화"로서의 "자신학화"는 위에서 언급한 "성육신 원리"와도 깊은 관련이 있다. 왜냐하면 그것은 본질은 유지하면서도 그 본질을 전달하기 위해서 그것을 전달하는 형태는 상황에 맞추어 바뀐 것이기 때문이며, "메시지가 전달자를 통해서 계속 사람들에게 접촉되기 위한 것이라면 매우 자연스럽게 우리는 성육신 과정을 계속해야만"[220] 하기 때문이다. 우리 인간의 "문화적, 역사적 상황이 하나님과 신앙의 표현에 대한 우리의 이해에 영향을 끼칠 수밖에 없기"[221] 때문에 상황신학으로서의 "자신학화"는 이제 선택 사항이 아니고 필수적임을 기억해야 할 것이다.

김연수는 자신학화의 원칙에 대해서, "성경에 기초를 두는 것, 예수 중심성, 통합성, 글로벌 신학, 위기와 변혁의 신학에 초점, 긍정적인 이야기 신학을 담음" [222]등을 주장했다. 우리는 선교에서 성경의 핵심을 유지하면서 그 나라의 문화와 상황에 맞는 자신학의 개발이 무엇보다도 중요함을 기억해야 할 것이다.

Lamin Sanneh는 "번역성(translatability)이야말로 초문화 기독교의 성공 자원"[223]이라고 말했다. 기독교에는 다양한 문화 안에서 그 문화적인 관점에 의하여 끊임없이 번역되고 중심지역이 이동하는 "영속적인 번역성(infinite translatability)"[224]이 있다고 주장했다. 앤드류 월즈(Andrew Walls)는 기독교는 모든 문화를 초월하고 어떤 문화에도 속하지 않는 '순례자(pilgrimage)'의 측면과 특정 문화와 언어 안에 종속되는 '토착화(slave; 혹은 노예의 속성)'의 측면이 있다고 보았다.

---

220 Stephen B. Bevans, *Models of Contextual Theology* (Maryknoll, New York: Orbis Books, 2002), 44.

221 Stephen B. Bevans, *Models of Contextual Theology,* 34.

222 김연수, "자신학화와 자선교학화 이슈와 필요성," 41-44.

223 Lamin Sanneh, 『타문화권 복음 전달의 원리와 적용』, 51.

224 Lamin Sanneh, 『타문화권 복음 전달의 원리와 적용』, 200-207.

기독교에는 모든 시대와 문화를 초월한 '보편적 신학(Universal Theology)' 혹은 '범세계적 신학(Global Theology)'이 존재한다. 이것은 기독교의 '순례자'의 모습과도 부합된다.[225] 그런가 하면 기독교는 특정 문화와 언어에 의하여 해석되는 '지역신학(Local Theology)' 혹은 '자신학화(self-theologizing)'가 존재한다고 볼 수 있다. 이것은 기독교의 "토착화"와 부합한다고 할 수 있을 것이다.

Bagdi 종족의 경우에 그들은 힌두교의 영향과 계층 사회의 강력한 영향력 아래에 놓여 있다. 그들은 역사에서 수많은 아픔과 고난을 받아왔다. 그들은 현재에도 최하층민으로서의 애환을 여전히 지니고 산다. 그런 점에서 자신의 잘못이 아닌 하나님의 백성을 대신하여 고난을 받는 종으로서 모습을 증언할 수 있다. 또 구원을 받은 자가 현재 당하는 고난과 장차 받게 될 영광은 비교할 수 없다는 사실과 어떤 신들과도 비교할 수 없는 유일한 창조주로서의 하나님의 위상에 강조할 수 있다. 따라서 Bagdi 종족을 위한 "자신학화와 자선교학화"가 필요하다.

그러므로 Bagdi 종족에게 들어가 복음이 영속적인 번역성을 가지고 그들의 문화에 맞게 자신화와 자선교학화라는 상황화가 이루어질 때 그 종족에게도 기독교의 융성함이 일어날 수 있다. 타 종족, 더 나아가 다른 나라의 모든 미전도 종족을 위한 자발적인 선교가 일어나는 가능성이 획기적으로 높아질 것이다.

---

225 Paul G. Hiebert, 93-103. *Anthropological Insights for Missionaries*, 216-210; 안점식, 『한국교회 자신학화의 방향모색』 (서울: 한국해외선교회출판부, 2020), 10-11.

참고문헌

김성태. 『선교와 문화』. 서울: 도서출판 이레서원, 2003.

김연수. 『왜 이야기인가』. 서울: 도서출판 프리셉트, 2021.

김에녹. 『도시선교 전략 -민족 간의 공감대에 주목하라』. 서울: 죠이선교회, 2021.

김재혁(편저). 『아프리카학』. 서울: 도서출판 말굽소리사, 2008.

김한식 외. 『동남아를 중심으로 한 선교· 문화· 커뮤니케이션』. 서울: 한국학술정보(주), 2005.

김한식· 김숙현· 최윤희. 『선교, 문화, 커뮤니케이션』. 서울: 한국학술정보(주), 2005.

성남용(편저). 『365일 기도로 세계 품기 2021』. 서울: 한국선교 KMQ, 2021.

안점식. "선교학적 종교연구 방법론에 관한 고찰." 『여섯 가지 주제로 본 현대선교』. 서울: 한국해외선교회출판부, 2020.

이장호. "선교 커뮤니케이션." 『기독교 커뮤니케이션』. 기독교 커뮤니케이션 포럼 엮음. 서울: 예영커뮤니케이션, 2004.

이종우. 『선교·문화·커뮤니케이션』. 서울: CLC, 2011.

전호진. 『인종갈등의 시대와 미전도 종족 선교』. 서울: 영문, 2001.

전호진. 『문명충돌 시대의 선교』. 서울: CLC, 2003.

정준기. 『선교적 문화비평』. 서울: 새한기획출판부, 1993.

조충제· 이순철· 이정미. 『인도의 도시화와 한인도 협력 방안』. 대외경제정책연구원, 2017.

한상복· 이문용· 김광억. 『문화인류학개론』. 서울: 서울대학교출판부, 1990.

Allen, Roland. 홍병룡 역. 『바울의 선교 vs. 우리의 선교』. 서울: IVP, 2008.

Chew, Jim. 네비게이토 편집부 역. 『타문화권 선교』. 서울: 네비게이토 출판사, 1993.

Cole, Neil. 정성묵 역. 『오가닉 처치』. 서울: 가나북스, 2006.

Hesselgrave, David J. 강승삼 역. 『선교 커뮤니케이션론』. 서울: 생명의 말씀사, 1999.

Hick, John etc. 이승구 역. 『다원주의 논쟁』. 서울: 기독교문서선교회, 2001.

Hiebert, Paul G. 김동화· 이종도· 이현모· 정흥호. 『선교와 문화 인류학』. 서울: 죠이선교회출판부, 2003.

Hiebert, Paul G. & Meneses, Eloise Hiebert. 안영권· 이대헌 역. 『성육신적 선교사역』. 서울: 기독교문서선교회, 1998.

Hiebert, Paul. 홍병용 역. 『21세기 선교와 세계관의 변화』. 서울: 복있는 사람, 2010.

Kraft, Charles H. 안영권· 이대헌 역. 『기독교 문화 인류학』. 서울: CLC, 2005.

Kraft, Charles H. & Mayers, Marvin K. 왕태종 역. 『문화적 갈등과 사역』. 서울: 죠이선교회, 2003.

Le'au, Sosene. 현문신 역. 『당신의 문화로 그리스도를 존귀케 하라』. 서울: 예수전도단, 2001.

Lingenfelter, Sherwood & Mayers, Marvin K. 왕태종 역. 『문화적 갈등과 사역』. 서울: 죠이선교회, 2003.

McGavran, Donald A. 이광순 역. 『하나님의 선교전략』. 서울: 한국장로교출판사, 1994.

Mark, John. Smith, Terry Ebbie and Anderson, Justice. 한국복음주의 선교신학회 역. 『선교학 대전』. 서울: 기독교문서선교회, 2003.

Netland, Harold. "선교와 종교 다원주의: 선교신학과 선교훈련에 있어서의 쟁점들." 『현대선교 11 - 선교와 종교 다원주의』. 서울: 한국해외선교회출판부, 1997.

Ong, Walter J. 임명진 역. 『구술문화와 문자문화 - 언어를 다루는 기술』. 서울: 문예출판사, 2018.

Parshall, Phil. 채슬기 역. 『무슬림 전도의 새로운 방향』. 서울: 예루살

렘·중동선교회, 2003.

Postman, Neil. 홍윤선 역. 『죽도록 즐기기』. 서울: 굿인포메이션, 2009.

Rankin, Jerry A. 박영호 역. "오늘날 선교의 상황." John Mark Terry. Ebbie Smith and Justice Anderson(editors). 『선교학 대전』. 서울: CLC, 2003.

Rowland, Stan. 정길용 역. 『21세기 세계선교의 새로운 패러다임』. 서울: 이레닷컴, 2003.

Seamands, John T. 홍성철 역. 『타문화권 복음 전달의 원리와 적용』. 서울: 도서출판 세복, 1997.

Winter, Ralph D. Hawthorne, Steven C. *Perspectives on the World Christian Movement.* 정옥배 외 3인 역. 『퍼스펙티브스 제1권』. 고양: 예수전도단, 2012.

Winter, Ralph. 임윤택 역. 『랄프 윈터의 비서구 선교운동사』. 서울: 예수전도단, 2012.

Winter, Ralph D. & Hawthorne, Steven C.(edi.). 정옥배, 변창욱, 김동화, 이현모 역. 『퍼스펙티브스 2 문화적, 전략적 관점』. 서울: 예수전도단, 2010.

Barfield, Thomas(editor). *The Dictionary of Anthropology.* Malden. Massachusetts: Blackwell Polishers Ltd, 2000.

Barrett, David. *Schism and Renewal in Africa: An Analysis of 6,000 Contemporary Religious Movements.* Nairobi: Oxford, 1968.

Bernard, H. Russell. *Research Methods in Anthropology.* Walnut Creek: Altamira, 1995.

Bevans, Stephen B. *Models of Contextual Theology.* Maryknoll, New York: Orbis Books, 2002.

Bosch, David J. *Transforming Mission.* New York: Orbis Books, 1992.

Cheong, John. "Reassessing John Stott's. David Hesselgrave's and Andreas Köstenberger's Views of the Incarnational Model." *Missionary Methods –Research, Reflections and Realities.* Pasadena. California: William Carey

Library, 2013.

Costas, Orlando. *Christ Outside the Gate: Mission Beyond Christendom.* Eugene. Or: Wipf & Stock, 1982.

Friedl, John. *The Human Portrait.* Englewood Cliffs. N. J.: Prentice Hall, 1981.

Gallagher, Robert L. "Missionary Methods: St. Paul's. St. Roland's. or Ours?" *Missionary Methods- Research, Reflections and Realities.* Pasadena. California: William Carey Library, 2013.

Gidla, Sujatha. *Ants among Elephants- An Untouchable Family and the Making of Modern India.* New York: Farrar. Strus and Giroux, 2017.

Grunlan, Stephen A. & Mayers, Marvin K. *Cultural Anthropology- A Christian Perspective.* 2nd Edition. Grand Rapids. Michigan: Zondervan Publishing House, 1988.

Guthrie, Stan. *Missions in the Third Millennium: 21 Key Trends for the 21st Century.* VA: Paternoster Press, 2000.

Headland, Thomas N. Kenneth, Pike. and Marvin, Harris. eds. *Emics and Etics: The Insider/Outsider Debate.* Newbury Park. Calif.: Sage, 1990.

Hesselgrave, David J. *Preface to Missiology and the Social Sciences: Contributions. Cautions and Conclusions.* Evangelical Missiological Series 4. ed. Edward Rommen and Gary Corwin. Pasadena: William Carey Library, 1996.

Hiebert, Paul G. *Cultural Anthropology.* Grand Rapids Michigan: Baker Book House, 1983.

Hiebert, Paul G. *Anthropological Insights for Missionaries. Grand Rapids.* Michigan: Baker Book House, 1985.

Hiebert, Paul G. R. Daniel, Shaw. & Tite Tienou. *Understanding Folk Religion - A Christian Response to Popular Beliefs and Practices.* Grand Rapids. Michigan: Baker Books, 1999.

Köstenberger, Andreas J. *The Mission of Jesus and the Disciples according to the Fourth Gospel.* Grand Rapids: Eerdmans, 1998.

Kraft, Charles H. *Christianity in Culture.* New York: Orbis Book, 1979.

Lingenfelter, Sherwood. *Transforming Culture- A Challenge for Christian Mission.* Grand Rapids. Michigan: Baker Books, 1998.

Lingenfelter, Sherwood. "Prison. Pilgrims and Transformation: Understanding Your Cultural Captivity." *Global Mission Handbook- A Guide for Cross-cultural Service.* Downers Grove. Illinois: IVP Books, 2009.

Lundin, Roger. *The Cultures of Interpretation- Christian Faith and the Postmodern World.* Grand Rapids. Michigan: Wm. B. Eerdmans Publishing Co., 1993.

Luzbetak, Louis J. *The Church and Culture- An Applied Anthropology for the Religious Worker.* South Pasadena. CA: William Carey, 1981.

McGavran, Donald Anderson. *Ethnic Realities and the Church.* Pasadena: William Carey Library, 1979.

Nida, Eugene A. *Custom and Culture.* Pasadena. CA: William Carey Library, 1982.

Ong, Walter J. *Orality and Literacy.* New York: Routledge Taylor & Francis Group, 2003.

Ott, Craig. "Missionary Methods: The Questions that Still Dog Us." *Missionary Methods- Research, Reflections and Realitie.* Pasadena. California: William Carey Library, 2013.

Ott, Craig & Strauss, Stephen J. *Encountering Theology of Mission: Biblical Foundations, Historical Developments and Contemporary Issues.* Grand Rapids: Baker Academic, 2010.

Payne, J. D. "Introduction: Methodological Stewardship: Always Evaluating. Always Adjusting." *Missionary Methods- Research, Reflections and Realities.* Pasadena. California: William Carey Library, 2013.

Peters, G. W. "Contemporary Practices of Evangelism." *Let the Earth Hear His Voice: International Congress on World Evangelism, Lausanne, Switzerland.* ed. J. D. Douglas. Minneapolis: World Wide, 1975.

Pierson, Arthur. *The Crisis of Missions.* New York: Robert Carter and Brothers, 1886.

Pike, Kenneth L. *Linguistic Concepts- An Introduction to Tagmemics.* Lincoln and London: University of Nebraska Press, 1971.

Richardson, Don. *Peace Child.* Glendale. CA: Regal, 1974.

Sannneh, Lamin. *Translating the Message- The Missionary Impact on Culture.* Maryknoll. New York: Orbis Books, 2005.

Shaw, Daniel R. *Transculturation- The Cultural Factor in Translation and Other Communication Tasks.* Pasadena. California: William Carey Library, 1988.

Shaw, Daniel R. & Van Engen, Charles E. *Communicating God's Word in a Complex World.* New York: Rowman & Littlefield Publishers, INC., 2003.

Snodgrass, K. R. *Stories with Intent- A Comprehensive Guide to the Parables of Jesus.* Grand Rapids: William B. Eerdmans Publishing Company, 2008.

Spradley, James P. *Participant Observation.* Chicago: Holt. Rinehart and Winston, INC., 1980.

Taylor, William D. "From the Iguassu to the reflective practitioners of the global family of Christ." *Global Missiology for the 21st Century.* ed. By William D. Taylor. Grand Rapids: Baker, 2000.

김연수. "자신학화와 자선교학화 이슈와 필요성." 『KWMA 제6차 세계선교전략회의』. (2014).

김연수. "스토리텔링 1차 워크숍." 비출판물(워크숍북). (2017).

김연수. "성경 스토리텔링과 공연 비판/연구." 『한국선교 KMQ』 vol. 19, No. 3 (2020년 봄호).

김연수. "선교에서의 '낀문화'의 의미와 역할." 『KMQ』 vol. 20, No. 3 (2021년 봄호).

김연수. "도시 선교의 패러다임에 대한 논찬." 제1회 도시선교포럼, 랜드마커미니스 (2022).

오영섭. "창의적인 플랫폼 선교, 도시선교." 제1회 도시선교포럼 비출판물, 랜드마커 미니스트리 (2022).

한동대. 『선교지역연구보고서』 제3권 2호. 포항: 한동대 국제지역연구소 (2008년 가을).

Global Market Report. 『2016년 인도를 이해하는 25가지 키워드』. 16-012, 코트라 발행.

Afrin, Sadia. "Bakha's Identity Dilemma in Mulk Raj Anand's Untouchable: An Exploration of Dalit Psychology." *Asiatic. vol. 16. No. 1.* (June 2022).

Bar-Ilan, Meir. *Illiteracy in the Land of Israel in the First Centuries.* "Essays in the Social Scientific Study of Judaism and Jewish Society."

Beyerhaus, Peter. "Evangelicals, Evangelism and Theology." *Missiological Assessment of the Lausanne Movement, Evangelical Review of Theology, vol. 11* (April, 1987).

Eliade, Mircea. "Two Representative Systems of Hindu Thought." *In Reading in Eastern Religious Thought.* ed., Ollie M. Frazier, 3 vols. Philadelphia: Westminster.

Irving, Hollowell A. "Culture and Behavior: The Collected Essays of Clyde Kluckohn." *The Journal of Higher Education.* 34(4).

McCurry, Don M. "Contexualization: Indigenization and/or Transformation." *In The Gospel and Islam: A 1978 Compendium.* Monrovia, CA: MARC, 1979.

Majid, Abdul. "Low Caste in India (Untouchables)." *A Research Journal of South Asian Studies vol. 29. No .1.* (January- July 2014).

Kamath, Anant. "'Untouchable' cellphones? Old caste exclusions and new digital divides in peri-urban Bangalore." *Critical Asian Studies vol. 50. No. 3.* (2018).

"2020 세계 교회 지도자 미전도 종족 개척 선교대회 자료집," 98. www.gap4ftt.org.

Atlas of the Human Planet. 2019; doi; 10. 2760/445233. "Global Statistics." https://joshuaproject.net/people_groups/statistics.